memo Wissen entdecken **Vulkane**	memo Wissen entdecken Das alte **Rom**	memo Wissen entdecken **Hunde**	memo Wissen entdecken **Wasser**	memo Wissen entdecken **Flugmaschinen**	memo Wissen entdecken Große **Musiker**
37	38	39	40	41	42

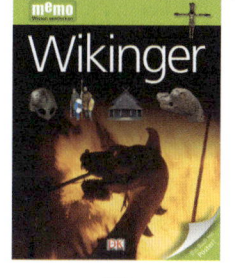

memo Wissen entdecken **Pferde**	memo Wissen entdecken **Kriminalistik**	memo Wissen entdecken **Säugetiere**	memo Wissen entdecken **Wetter**	memo Wissen entdecken **Fossilien**	memo Wissen entdecken **Pflanzen**
43	44	45	46	47	48

memo Wissen entdecken **Wikinger**	memo Wissen entdecken **Evolution**
49	50

W0173577

Alphabetische Reihenfolge der Bände auf der letzten Seite

Eisenbahnen

Puzzle-Spiel „Tenderlokomotive Thomas"

Wappen der Midland-Eisenbahngesellschaft

MIDLAND

Bahn-
fahrkarte

Modell einer Norris-Lokomotive von 1843

AUSTRIA

Bahntelegraf

BRITISH RAILWAYS

46229

Dampflok *Duchess of Hamilton* (1938)

memo
Wissen entdecken

Eisenbahnen

Metallpfeife

Text von
John Coiley

Columbine-
Dampflock (1845)

Französische Freifahrkarte

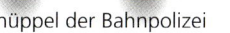

Knüppel der Bahnpolizei

DUCHESS OF HAMILTON

DORLING KINDERSLEY

Modell einer amerikani-
schen Dampflok von 1875

Englisches *Semaphore*-Signal
(Flügelsignal)

Stirnlampe eines
königlichen Zugs

Fahrkarten

Glocke des
Stationsvorstehers

Taschenuhr
(spätes 19. Jh.)

Waggon-
schlüssel

DK

DORLING KINDERSLEY
London, New York, Melbourne, München und Delhi

Projektbetreuung Christine Webb
Redaktion Jayne Miller, Steve Setford
Cheflektorat Helen Parker, Camilla Hallinan
Herstellung Louise Barratt, Laragh Kedwell, Pip Tinsley
Bildredaktion Ann Cannings, Edward Kinsey, Peter Radcliffe,
Owen Peyton Jones, Martin Wilson, Julia Harris
Bildrecherche Cynthia Hole, Myriam Megharbi
Fotos Mike Dunning
Programmleitung Andrew Macintyre
Fachliche Beratung Robert Gwynne und Russel Hollowood
(National Rail Museum, Großbritannien)
Umschlaggestaltung Smiljka Surla

Für die deutsche Ausgabe:
Programmleitung Monika Schlitzer
Projektbetreuung Martina Glöde, Janna Heimberg
Herstellungsleitung Dorothee Whittaker
Herstellung Anna Ponton

Bibliografische Information Der Deutschen Bibliothek
Die Deutsche Bibliothek verzeichnet diese Publikation in der
Deutschen Nationalbibliografie; detaillierte bibliografische Daten
sind im Internet über http://dnb.ddb.de abrufbar.

Titel der englischen Originalausgabe:
Eyewitness Train

© Dorling Kindersley Limited, London, 1992, 2009
Ein Unternehmen der Penguin-Gruppe

© der deutschsprachigen Ausgabe by Dorling Kindersley
Verlag GmbH, München, 2011
Alle deutschsprachigen Rechte vorbehalten

Übersetzung Manfred Kottmann,
Dr. Michael Schmidt (S. 64–71, Poster)
Lektorat Margot Wilhelmi
Satz Roman Bold & Black

ISBN 978-3-8310-1878-9

Colour reproduction Colourscan, Singapore
Printed and bound in China by Toppan

Besuchen Sie uns im Internet
www.dorlingkindersley.de

Inhalt

Modell der Dampflok *Novelty* von 1829

Was ist eine Eisenbahn?

Eine Eisenbahn ist ein Verkehrsmittel, dessen Fahrzeuge auf eisernen (heute stählernen) Schienen fahren. Dazu gehören Zahnrad- und Standseilbahnen ebenso wie auf Gleisen fahrende Züge. Spurbahnen gab es schon in der Antike (S. 8–9). Damals wurden Fuhrwerke in Spurrillen gezogen. In Deutschland benutzte man solche Spurbahnen im Bergbau. Von hier gelangte die Idee nach England, wo Mitte des 19. Jahrhunderts für die Förderwagen erstmals eiserne Platten mit Leitkanten zur besseren Spurführung gegossen wurden und die Räder einen Spurkranz (Wulst) erhielten. 1801 fuhr in England die erste öffentliche Pferdebahn, doch erst mit der Erfindung der Dampflokomotive trat die Eisenbahn ihren Siegeszug an. Innerhalb kürzester Zeit gab es überall auf der Welt Eisenbahnen. Die Entwicklung geht weiter: Neue Techniken eröffnen neue Möglichkeiten für schnellere und bequemere Züge.

MUSKELKRAFT
Für den Bau der ersten großen Eisenbahnlinien benötigte man ein Heer von Arbeitern, denn technisches Gerät stand kaum zur Verfügung. Die Gleisbauer mussten Trassen anlegen, Brücken spannen, Tunnel graben und Gleise verlegen – mit einfachsten Werkzeugen und ihrer bloßen Muskelkraft.

PENDELVERKEHR
Gegen Ende des 19. Jh. war die Dampfeisenbahn ein gewohnter Anblick geworden. Mit ihr konnte die Landbevölkerung zur Arbeit und zum Einkaufen in die Stadt fahren. Umgekehrt reisten die Stadtbewohner zur Erholung aufs Land oder an die See.

Nachbau: Erster-Klasse-Waggon (1830) der Liverpool-Manchester-Linie

LIVERPOOL HUSKISSON MANCHESTER
RAILWAY — COMPANY

Schiene

DIESELANTRIEB
In den 1930er-Jahren kamen in Europa und den USA leistungsstarke Loks mit Dieselmotoren für den Personenverkehr auf die Schienen. Innerhalb von zehn Jahren hatten sie die Dampfloks verdrängt. Heute werden Diesel-loks weltweit eingesetzt (S. 40–41).

PERSONENZÜGE
Heute befördern Züge täglich unzählige Passagiere. Die ersten Personenzüge in den 1920er-Jahren waren nichts anderes als offene Kutschen auf Schienen (S. 28–29). Nach und nach bekamen die Wagen Licht, Heizung, Toiletten und Gänge. Für längere Strecken richtete man Speise- und Schlafwagen ein.

ELEKTROANTRIEB
Elektrischen Antrieb gibt es bei Untergrundbahnen (S. 56–57) seit Ende des 19. Jh. Der Strom wird von Oberleitungen oder einer speziellen Stromschiene abgenommen. Elektrische Züge sind schneller, leiser und umweltverträglicher als Dampf- und Dieselloks. Alle neuen Schienenstrecken sind heute elektrifiziert (S. 38–39).

LOKOMOTIVEN
Züge befördern Passagiere oder Fracht – manchmal auch beides. Sie fahren auf Schienen und ihre Räder sind mit Spurkränzen versehen, die ihnen Halt geben. Die ersten Züge wurden von Dampfloks wie der unten abgebildeten Lok von 1829 gezogen. Heute sind fast nur noch Diesel- und Elektroloks im Einsatz.

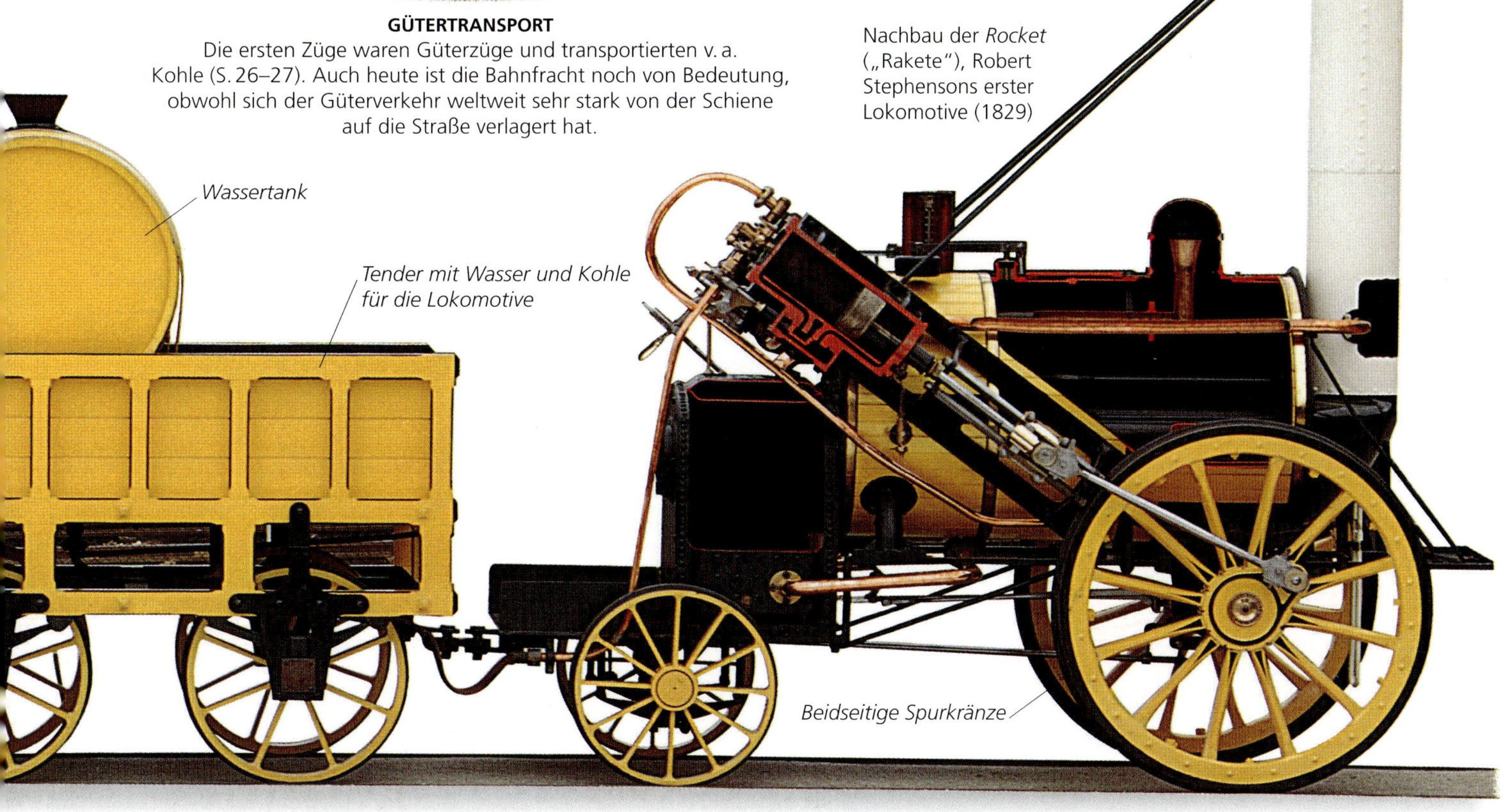

GÜTERTRANSPORT
Die ersten Züge waren Güterzüge und transportierten v. a. Kohle (S. 26–27). Auch heute ist die Bahnfracht noch von Bedeutung, obwohl sich der Güterverkehr weltweit sehr stark von der Schiene auf die Straße verlagert hat.

Nachbau der *Rocket* („Rakete"), Robert Stephensons erster Lokomotive (1829)

Wassertank

Tender mit Wasser und Kohle für die Lokomotive

Beidseitige Spurkränze

Die ersten Schienenbahnen

Schienenbahnen gab es schon lange vor der Erfindung der Dampfmaschine. Sie wurden mit Menschen- oder Pferdekraft bewegt. Die Eisenbahn, wie wir sie kennen, entwickelte sich aus den Bahnen, die man in Europa Mitte des 16. Jahrhunderts im Bergbau einsetzte. Auf Holzbohlen transportierten vierrädrige Karren ihre schwere Fracht. Ein hölzerner Spurnagel an der Unterseite, der gerade in den Bohlenzwischenraum passte, hielt den Förderwagen auf den „Schienen". Für die Eisenbahn wurden andere Spurführungen entwickelt. Entweder hielten Leitkanten auf den Schienen die Räder in der Spur, oder die Räder hatten Wülste (Spurkränze), die sie auf glatten Schienen spursicher führten (S. 24–25).

ANTIKE SPURRILLEN
Antike Spurrillen für Fuhrwerke sind in einigen Mittelmeerländern noch heute erhalten. Schon die frühen Hochkulturen der Babylonier und Sumerer erkannten und nutzten die Vorteile gepflasterter Straßen. Weil Pflaster für Fuhrwerke aber zu uneben ist, schlug man Spurrillen hinein, in denen die Räder wie auf Schienen mit Leitkanten geführt wurden. Die abgebildete römische Pflasterstraße mit Spurrillen ist in Pompeji zu besichtigen.

Ein Pferdetransporter für die Fahrt bergab

PFERDEPASSAGIER
Die ersten Schienenbahnen in England dienten zum Kohletransport vom Bergwerk zum Frachter auf dem nächstgelegenen Fluss. Da ging es meist bergab und der Bremser hatte alle Hände voll zu tun. Die Pferde dagegen, die die leeren Loren wieder zum Bergwerk zurückzogen, genossen bergab eine kräfteschonende Fahrt „im eigenen Wagen".

KUTSCHEN
Vor der Eisenbahn waren Kutschen die schnellsten Transportmittel. Es gab ein Netz von Stationen, an denen die Pferde gewechselt wurden und die Postkutschen erreichten eine durchschnittliche Reisegeschwindigkeit von 11 km/h.

MENSCHENKRAFT
Dieser Stich von 1752 ist die erste Abbildung einer englischen „Eisenbahn" und zugleich der erste Beleg für den Gebrauch von Rädern mit Spurkranz in England. Die Wagen werden von einem Mann vorwärts bewegt.

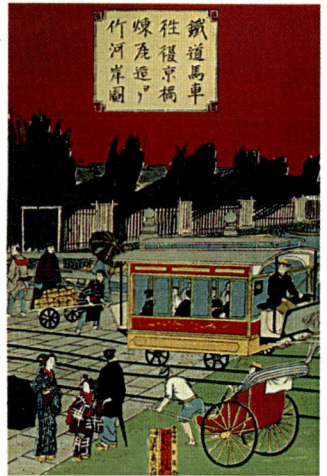

SCHWER BELADEN
Mit dieser englischen Eisenbahn von 1815 wurde Kohle ausgeliefert. Die Schienen bestanden aus Gusseisen und die Räder hatten Spurkränze. Die Wagen wurden von Pferden gezogen.

JAPANISCHE PFERDEBAHNEN
Wie hier in Japan waren bis Anfang des 20. Jh. überall auf der Welt Pferde im Einsatz, um Personen- und Güterwagen zu ziehen.

DEUTSCHE PFERDEBAHN
In Deutschland gab es schon seit dem 18. Jh. Pferdebahnen. Aber die erste Dampflok fuhr bei uns erst 1835 (S. 16–17).

BERGAB
Der voll beladene Kohlewagen ist auf dem Weg zum Frachter. Der Bremser passt auf, dass es nicht zu schnell geht, und führt das Pferd am Zügel.

Ein Waggon fasste 1,16 m³ Kohle. Daraus entstand die englische Maßeinheit für Kohle: das *Chaldron*.

CHALDRON
Chaldron nannte man den hölzernen Kohlewagen, der in den Kohlerevieren Nordostenglands die Kohle vom Bergwerk zum Fluss Tyne beförderte. Von dort ging es aufs Meer. Der Waggon fuhr auf einen hölzernen Pier, an der Unterseite öffnete man eine Klappe und die Kohle fiel direkt in den Lagerraum des Frachters.

1155 S·H 2·18

Bremshebel

Räder mit Spurkränzen

Die große Zeit der Dampfkraft

Nach der Erfindung der ersten praktisch nutzbaren Dampfmaschine durch James Watt (1769) versuchten Ingenieure die Dampfkraft zum Antrieb von Fahrzeugen zu nutzen. Das erste dampfgetriebene Fahrzeug war jedoch schwer zu lenken und verursachte in den Straßen von Paris einen solchen Aufruhr, dass es gleich wieder aus dem Verkehr gezogen wurde. Erst Anfang des 19. Jahrhunderts kamen die ersten Dampflokomotiven zum Einsatz. Aber es gab noch viele Probleme zu lösen: Die Maschinen sollten zwar stark genug sein, um schwere Lasten zu ziehen, andererseits aber so wenig Lärm und Rauch wie möglich machen. Und wie sollten die Eisenräder Halt finden auf den glatten Eisenschienen, die überdies dem Gewicht der Lok standhalten mussten?

ZUGZIRKUS
Dieser Stich zeigt die erste Lokomotive, die man in London wie eine Zirkusattraktion bewundern konnte. Sie wurde 1808 von Richard Trevithick gebaut und zog einen vierrädrigen Wagen im Kreis herum.

MODELL 1808
Die Nachbildung wurde nach Zeichnungen von Trevithicks Lok von 1808 angefertigt. Der englische Ingenieur hatte 1804 die erste „arbeitsfähige" Lokomotive der Welt gebaut. Sie konnte mit einer Geschwindigkeit von 6–8 km/h eine Last von 10 t ziehen.

DAS ERSTE AUTOMOBIL
Der Franzose Nicholas Cugnot verbreitete 1769 in den Straßen von Paris Angst und Schrecken mit dem ersten sich selbst bewegenden Fahrzeug (Automobil) der Welt. Das dampfgetriebene Gefährt fuhr 9 km/h, war aber kaum zu lenken, sodass es Unfälle gab. Das Projekt musste aufgegeben werden.

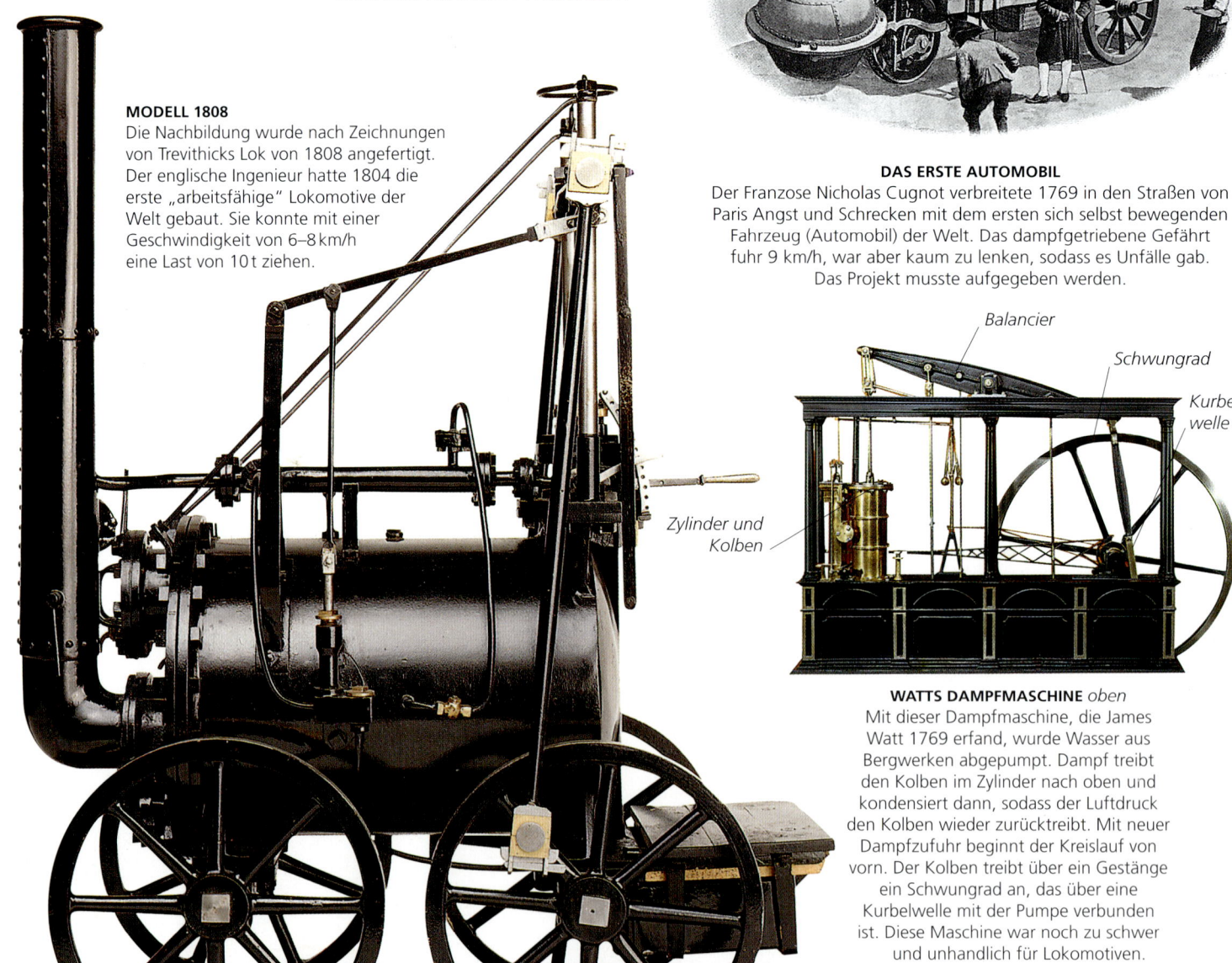

Balancier

Schwungrad

Kurbelwelle

Zylinder und Kolben

WATTS DAMPFMASCHINE *oben*
Mit dieser Dampfmaschine, die James Watt 1769 erfand, wurde Wasser aus Bergwerken abgepumpt. Dampf treibt den Kolben im Zylinder nach oben und kondensiert dann, sodass der Luftdruck den Kolben wieder zurücktreibt. Mit neuer Dampfzufuhr beginnt der Kreislauf von vorn. Der Kolben treibt über ein Gestänge ein Schwungrad an, das über eine Kurbelwelle mit der Pumpe verbunden ist. Diese Maschine war noch zu schwer und unhandlich für Lokomotiven.

Leitkanten sorgen für Spurführung.

ZU WASSER UND ZU LAND

Das erste amerikanische Fahrzeug mit Eigenantrieb war dieses Boot auf Rädern, das der Schmied und Bootsbauer Oliver Evans 1804 fertigstellte. Wenn man das dampfgetriebene Gefährt auf dem Wasser einsetzen wollte, musste man die Räder abschrauben.

ZAHN IN ZAHN

Mit dem Zahnradantrieb sollte das Antriebsproblem für glatte Räder auf glatten Schienen gelöst werden. Der Stich von 1812 (rechts) zeigt eine Lokomotive, deren Antriebszahnrad in die zu den Schienen parallel laufende Zahnschiene greift.

VERKEHRSCHAOS

1828 zeichnete ein englischer Karikaturist seine Vision von Londons Straßen: Dampffahrzeuge beherrschen den Verkehr.

Eine der beiden ältesten original erhaltenen Dampflokomotiven der Welt ist *Puffing Billy*.

PUFFING BILLY

1813 baute William Hedley in Nordengland diese Lokomotive, die den Namen *Puffing Billy* erhielt. Sie transportierte Kohle über eine 8 km lange Strecke vom Bergwerk zum nächsten Fluss und lieferte dabei den Beweis, dass glatte Antriebsräder sehr wohl genügend Halt auf glatten Schienen finden können. Klagen über Rauch- und Lärmbelästigung führten dazu, dass der Qualm erst durch eine Rauchkammer geleitet wurde, ehe er über den Schornstein ins Freie gelangte.

Kohleschaufel der *Puffing Billy*

Tender

Platz des Lokführers

Polnische Briefmarke mit einer
Lokomotive von Robert Stephenson

Siegeszug der Dampflok

Der Engländer George Stephenson
(1781–1848), der „Vater der Eisenbahn", erkannte die zukunftsweisende
Bedeutung der Dampflokomotiven.
Mit seinem Sohn Robert gründete er
1823 in Newcastle die erste Lokomotivfabrik der Welt und verkaufte
seine Dampfloks in viele Länder. Ihre Kraft, die einfache und robuste
Bauart und ihre Zuverlässigkeit verhalfen der Dampflok bereits bis
Mitte des 19. Jahrhunderts zu einem Siegeszug, der erst von den
dieselelektrischen und den Elektro-Loks gestoppt wurde (S. 38–41).

DAMPFKRAFT FÜR DAS VOLK
Auf der Strecke Stockton-Darlington wurde 1825
der erste öffentliche Güterverkehr mit Dampflokomotiven in Betrieb genommen. Fahrgäste wurden
vorerst weiter mit Pferdekutschen befördert. Ab 1833
übernahmen Loks auch den Personenverkehr.

LIVERPOOL & MANCHESTER
Directors Ticket
RAILWAY.

Eisenbahndirek-
toren bekamen
lebenslang gültige
Freifahrkarten.

GLASGOW & SOUTH WESTERN

DER BESTE FREUND VON CHARLESTON
Die erste erfolgreich in den USA eingesetzte Dampflokomotive,
Best Friend of Charleston, nahm 1830 ihren Dienst auf und sorgte
für die erste regelmäßige Bahnverbindung des Landes.

Freikarte (Elfenbein-
gravur, um 1830)

Gold-Email-
Freifahrplakette
(um 1850)

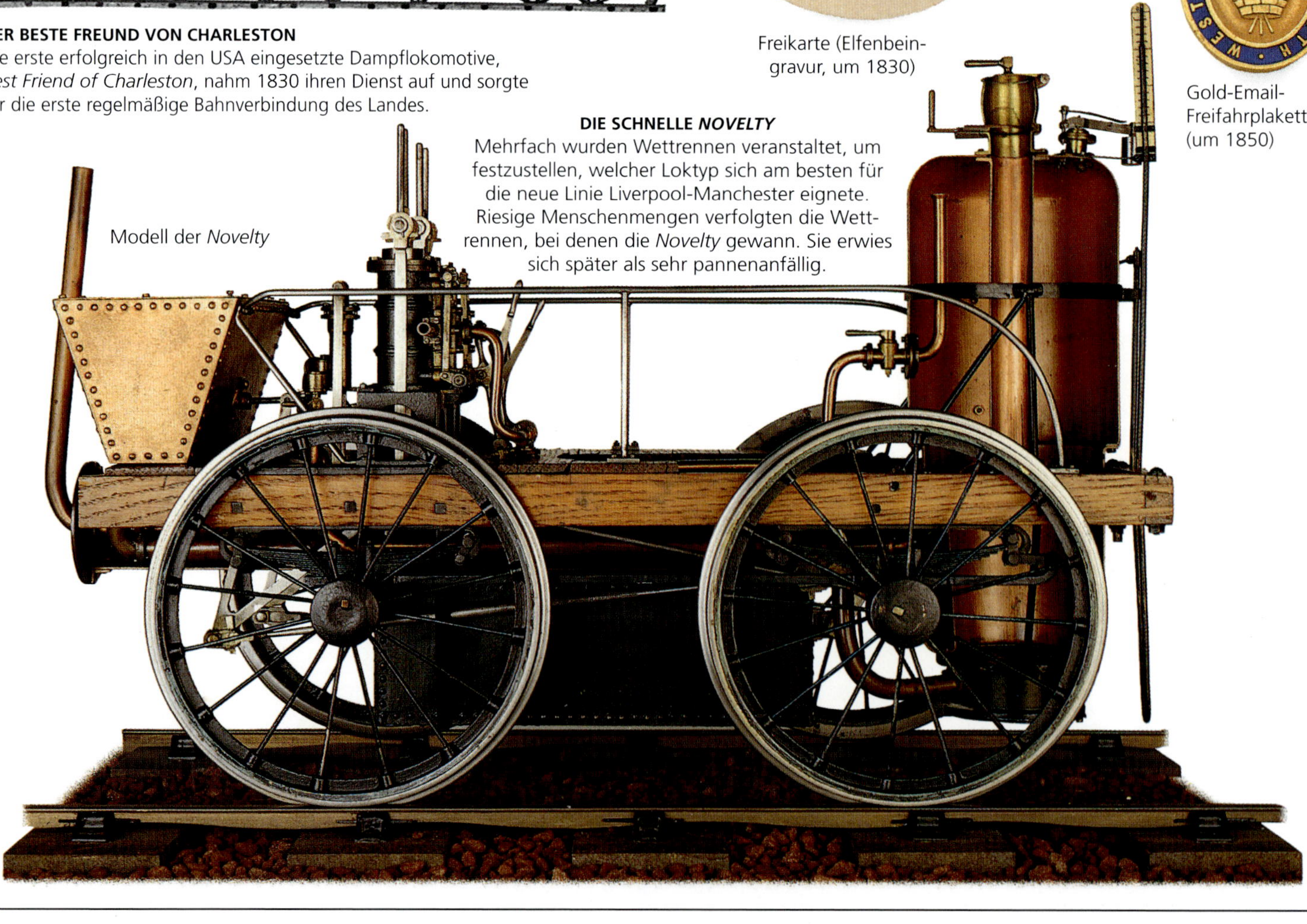

DIE SCHNELLE *NOVELTY*
Mehrfach wurden Wettrennen veranstaltet, um
festzustellen, welcher Loktyp sich am besten für
die neue Linie Liverpool-Manchester eignete.
Riesige Menschenmengen verfolgten die Wettrennen, bei denen die *Novelty* gewann. Sie erwies
sich später als sehr pannenanfällig.

Modell der *Novelty*

EUROPA UNTER DAMPF
Nach dem Erfolg der Liverpool-Manchester-Linie fuhren bald in ganz Europa Dampfloks. Die erste deutsche Eisenbahn verkehrte 1835 zwischen Nürnberg und Fürth, die Linie Leipzig-Dresden (rechts) wurde 1839 eröffnet.

DURCH DIE WEITEN AMERIKAS
Seit Mitte des 19. Jh. dampften Personenzüge auch durch die USA. Amerikanische Lokomotiven hatten ein charakteristisches Aussehen: große Stirnlampen, hölzerne „Kuhfänger" und bronzene Signalglocken.

Robert Stephenson

DER „FLIEGENDE SCHOTTLÄNDER"
In den 1920er-Jahren gab es viele berühmte Fernschnellzüge, etwa den Orientexpress oder den *Flying Scotsman*, der auf der 633 km langen Strecke London-Edinburgh (Schottland) verkehrte.

SIEGESZUG DER LOKOMOTIVE
Die *Rocket* ist eine der berühmtesten Lokomotiven der Welt. Sie gewann 1829 das Rennen auf der Liverpool-Manchester-Linie bei Rainhill. Zum letzten Mal wurde eine „Pferde-Lokomotive" angemeldet, aber nicht mehr zum Wettbewerb zugelassen. Der Siegeszug der Dampflok war unaufhaltsam.

Die *Rocket*, Stephensons Lokomotive von 1829

Wie eine Dampflok funktioniert

Seit dem Bau der ersten Dampflokomotiven ist das technische Grundprinzip dieser Maschinen praktisch unverändert geblieben: Mit einem Kohlefeuer wird im Kessel Wasserdampf erzeugt, der die Kolben in den Zylindern hin und her bewegt. Diese Bewegung wird über Kurbelwellen und Pleuelstangen auf die Antriebsräder übertragen. Bei harter Arbeit brauchen die Heizer etwa drei Stunden, um der Lokomotive so viel „Dampf zu machen", dass sie losfahren kann.

Amerikanische Dampflokomotive

Wasser- und Kohle-vorrat werden im Tender mitgeführt.

Wassertank

Kohlevorrat

BAUREIHENBEZEICHNUNG
Die Lokomotive unten hat vier vordere Laufräder, sechs Antriebsräder und zwei hintere Laufräder. Ihre Typ-Bezeichnung: 4-6-2 (England), 2C1 (D) bzw. Pacific (USA).

Stirnseite Lokomotive

Hintere Laufräder

Antriebsräder

Vordere Laufräder

Wasser umgibt die Rauchrohre im Heizkessel.

Ventil

Überhitzerrohre

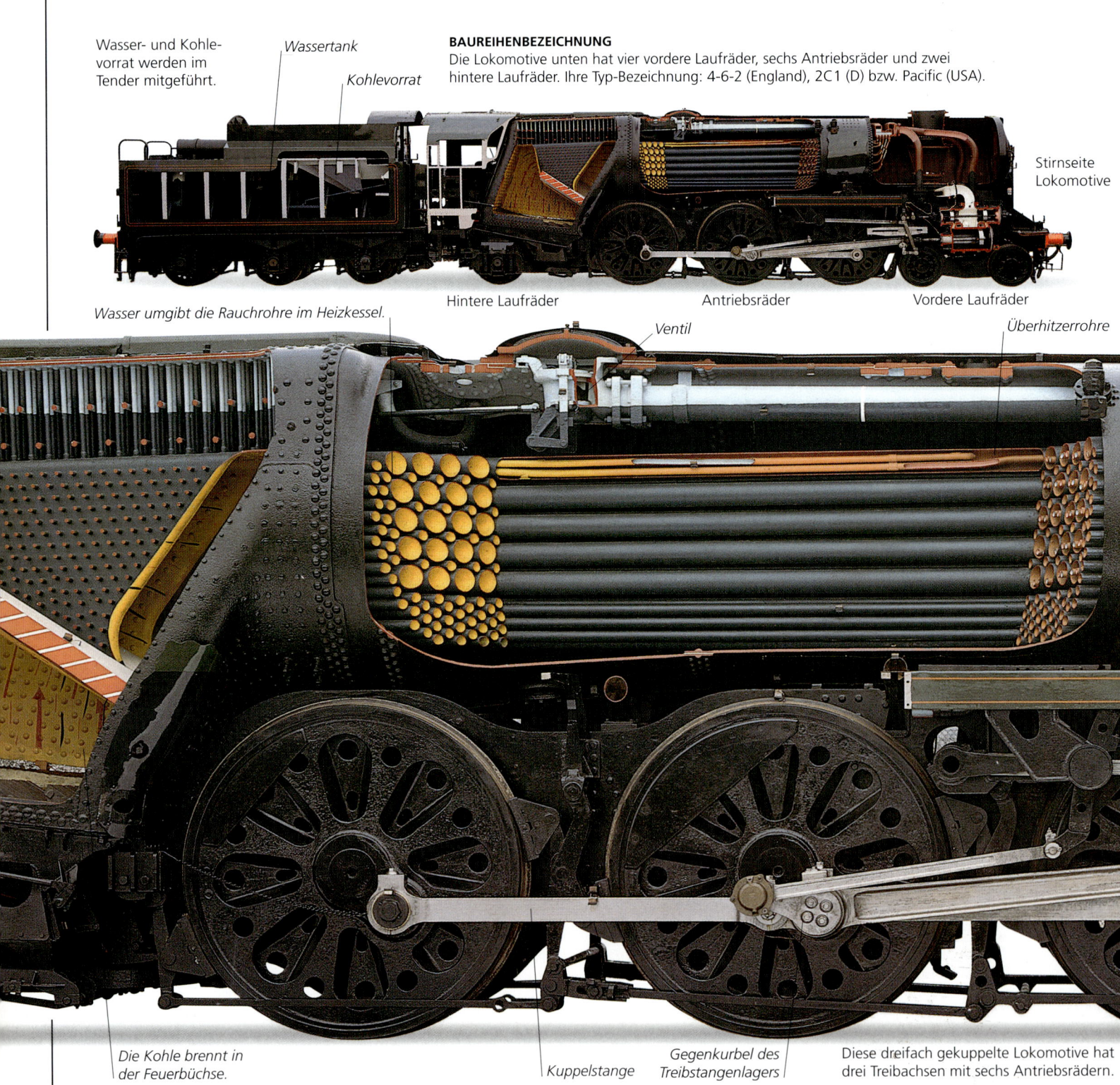

Die Kohle brennt in der Feuerbüchse.

Kuppelstange

Gegenkurbel des Treibstangenlagers

Diese dreifach gekuppelte Lokomotive hat drei Treibachsen mit sechs Antriebsrädern.

14

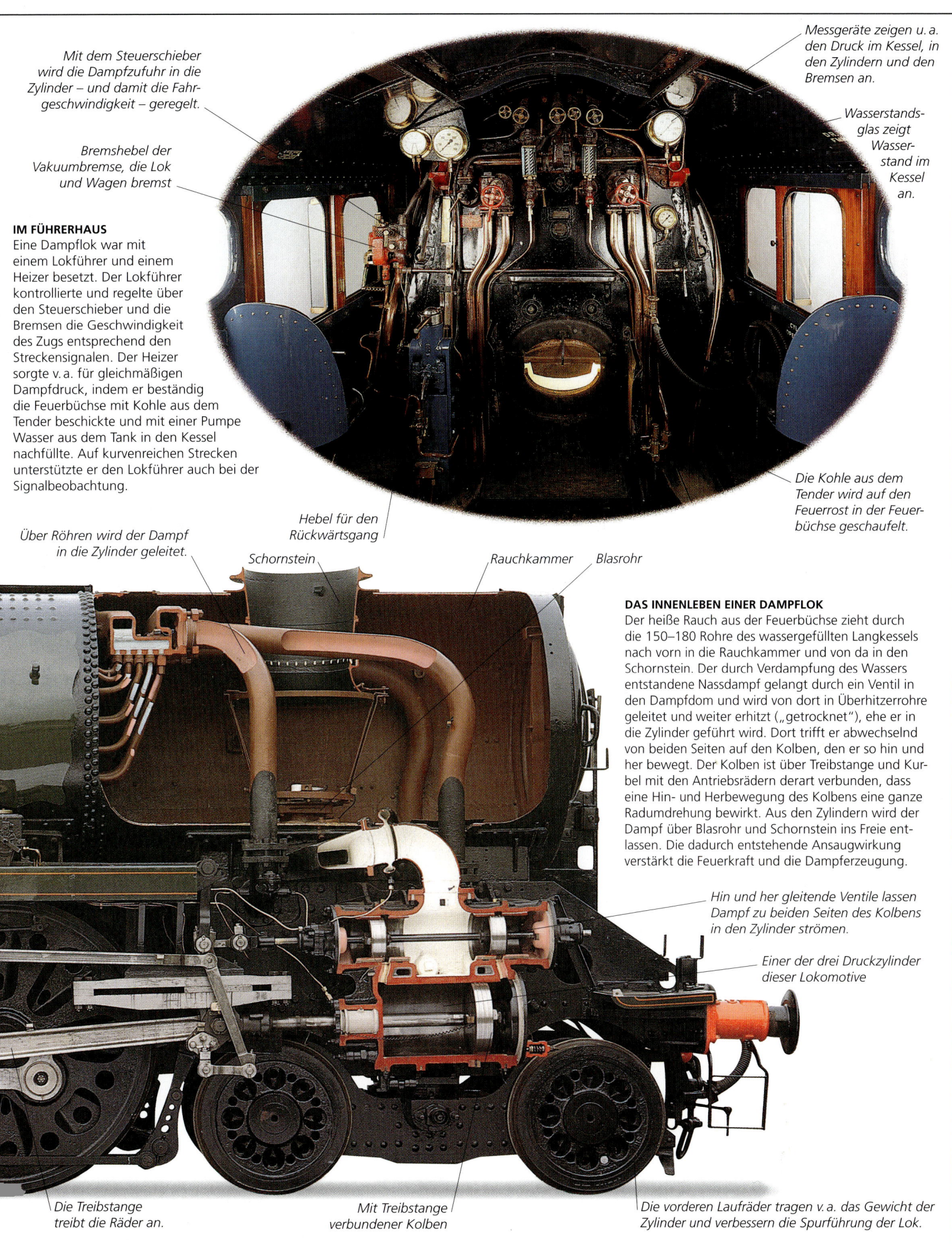

Mit dem Steuerschieber wird die Dampfzufuhr in die Zylinder – und damit die Fahrgeschwindigkeit – geregelt.

Bremshebel der Vakuumbremse, die Lok und Wagen bremst

Messgeräte zeigen u. a. den Druck im Kessel, in den Zylindern und den Bremsen an.

Wasserstandsglas zeigt Wasserstand im Kessel an.

IM FÜHRERHAUS

Eine Dampflok war mit einem Lokführer und einem Heizer besetzt. Der Lokführer kontrollierte und regelte über den Steuerschieber und die Bremsen die Geschwindigkeit des Zugs entsprechend den Streckensignalen. Der Heizer sorgte v. a. für gleichmäßigen Dampfdruck, indem er beständig die Feuerbüchse mit Kohle aus dem Tender beschickte und mit einer Pumpe Wasser aus dem Tank in den Kessel nachfüllte. Auf kurvenreichen Strecken unterstützte er den Lokführer auch bei der Signalbeobachtung.

Die Kohle aus dem Tender wird auf den Feuerrost in der Feuerbüchse geschaufelt.

Über Röhren wird der Dampf in die Zylinder geleitet.

Hebel für den Rückwärtsgang

Schornstein

Rauchkammer

Blasrohr

DAS INNENLEBEN EINER DAMPFLOK

Der heiße Rauch aus der Feuerbüchse zieht durch die 150–180 Rohre des wassergefüllten Langkessels nach vorn in die Rauchkammer und von da in den Schornstein. Der durch Verdampfung des Wassers entstandene Nassdampf gelangt durch ein Ventil in den Dampfdom und wird von dort in Überhitzerrohre geleitet und weiter erhitzt („getrocknet"), ehe er in die Zylinder geführt wird. Dort trifft er abwechselnd von beiden Seiten auf den Kolben, den er so hin und her bewegt. Der Kolben ist über Treibstange und Kurbel mit den Antriebsrädern derart verbunden, dass eine Hin- und Herbewegung des Kolbens eine ganze Radumdrehung bewirkt. Aus den Zylindern wird der Dampf über Blasrohr und Schornstein ins Freie entlassen. Die dadurch entstehende Ansaugwirkung verstärkt die Feuerkraft und die Dampferzeugung.

Hin und her gleitende Ventile lassen Dampf zu beiden Seiten des Kolbens in den Zylinder strömen.

Einer der drei Druckzylinder dieser Lokomotive

Die Treibstange treibt die Räder an.

Mit Treibstange verbundener Kolben

Die vorderen Laufräder tragen v. a. das Gewicht der Zylinder und verbessern die Spurführung der Lok.

Erfolg in aller Welt

Nach der Eröffnung der ersten Eisenbahnlinie 1830 in England kamen aus der ganzen Welt Besucher, um die Bahn zu sehen und selbst zu benutzen. Viele Länder bauten eigene Eisenbahnnetze auf – zuerst mit Lokomotiven, Wagen und Gleisanlagen aus England. Ab Mitte des 19. Jahrhunderts waren auch die Amerikaner im Geschäft und lieferten Norris-Lokomotiven nach Europa. Jetzt wurden überall die Anstrengungen verstärkt, Züge und Anlagen im eigenen Land herzustellen. Beim Lokomotivbau konnten die Briten jedoch lange ihren Vorsprung halten. Die Eisenbahn schuf ganz neue Bedingungen für Handel und Verkehr. So konnte zum Beispiel der riesige nordamerikanische Kontinent erst jetzt richtig erschlossen werden (S. 18–19).

NÜRNBERG-FÜRTH
In Deutschland fuhr die erste Dampflok 1835 von Nürnberg nach Fürth. Die Lok *Adler* und der Lokführer William Wilson stammten aus England.

INDISCHE DAMPFLOKOMOTIVE
Indien war bis 1947 britische Kronkolonie. Das bedeutete auch, dass das gesamte indische Eisenbahnnetz von England aufgebaut und betreut wurde. Auch Lokomotiven wie das oben abgebildete Modell kamen aus England. Die Sonnenschutzläden und die besonders großen Stirnlampen waren eine Sonderausstattung für Indien.

EISENBAHN IN FERNOST
Seit 1872 fährt die Eisenbahn auch in Japan. Auf dem zeitgenössischen Farbholzschnitt werden moderne und traditionelle Verkehrs- und Transportmittel gegenübergestellt.

Haltestange

Triebgestell

PARISER BAHN
Die erste französische Bahn fuhr 1837 von Paris nach Saint-Germain. Das Gemälde links dokumentiert dieses gesellschaftliche Ereignis.

FÜR DIE ENDLOSEN WEITEN CHINAS
Die mächtige Lokomotive (oben) wurde um 1935 in England eigens für China entwickelt und gebaut. Sie ist höher und hat eine breitere Spur als die europäischen Loktypen. Auf dem riesigen Tender musste man genug Kohle- und Wasservorräte für die Fahrt durch das riesige Land mitführen können.

MADE IN THE USA
Die Lokomotivfabrik von William Norris in Philadelphia lieferte Lokomotiven in alle Welt. Diese Lokomotive von 1843 wurde speziell für steile und kurvenreiche Strecken in Australien gebaut.

Viel stärkere „Verwandte" dieser Beyer-Garratt-Lokomotive fahren heute noch durch Afrika. Auch in Australien, Indien und England kamen diese Loks zum Einsatz.

EXPORTTYP
Diese erste Gelenklokomotive wurde 1909 in England für Tasmanien/Australien gebaut. Sie hatte ein Triebgestell am Hauptrahmen und ein zweites – bewegliches – davor und eignete sich besonders für kurvenreiche Strecken. Die schwersten Typen dieser Art sind die Beyer-Garratt-Lokomotiven.

Amerikanische Eisenbahn

Das neue Verkehrs- und Transportmittel Eisenbahn hat die Geschichte und die Entwicklung der USA stärker beeinflusst als die anderer Länder. In Europa verband die Eisenbahn die schon bestehenden Städte, in den USA entstanden an den Eisenbahnlinien erst viele neue Zentren. Und das ging sehr schnell: Bereits 1869 konnte man den ganzen Kontinent mit der Bahn durchqueren. Anfang des 20. Jahrhunderts lebte in den USA kaum jemand weiter als 40 Kilometer von der nächsten Bahnlinie entfernt. Aber dann ging es abwärts mit der Eisenbahn, denn die Konkurrenz durch Autos und Flugzeuge wuchs ständig. Heute gibt es Anzeichen dafür, dass die Bahn wieder attraktiver wird, weil das Verkehrschaos in den Ballungszentren und die Umweltverschmutzung zum Umdenken zwingen.

DER GOLDENE NAGEL
Am 10. Mai 1869 wurde der letzte Nagel am Verbindungsstück der Union Pacific und der Central Pacific Railroad eingeschlagen. Er war aus Gold.

Die Ansaugwirkung des hohen Schornsteins erhöhte die Leistung der Maschine. Aber: keine niedrigen Durchfahrten auf der Strecke!

WETTLAUF
Diese Mini-Lok startete 1830 zu einer ersten Eisenbahnversuchsfahrt auf der Baltimore-Ohio-Linie. Bei einem späteren Wettrennen mit einer Pferdebahn (Bild) gewann das Pferd.

DIE ERSTE BEIDSEITIGE
Stourbridge Lion hieß die erste Dampflokomotive der USA, deren Räder beidseitige Spurkränze hatten. Sie war 1829 in England gebaut worden und ähnelte der *Agenoria* (oben).

Spurkränze auf beiden Radseiten

Führerhaus

Tender

KUTSCHEN AUF RÄDERN
Den ersten amerikanischen Reisezug zog 1831 die *De Witt Clinton* durch den Staat New York. Die Waggons waren eigentlich Kutschen auf Rädern. Wie gewohnt saßen die Passagiere im Wagen oder auf dem Dach.

MIT VOLLDAMPF IN DIE ZUKUNFT
Der Ausbau des Eisenbahnnetzes erschloss den ganzen nordamerikanischen Kontinent. Für Gründung und Wachstum vieler Städte spielte die Bahn eine große Rolle.

UNRUHIGE ZEITEN
Als der Bau der Eisenbahn weiter und weiter nach Westen vorangetrieben wurde, griffen oft Indianer die Züge an. Nicht ohne Grund – sie versuchten ihre Lebensweise und ihr Land zu verteidigen. Denn mit der Eisenbahn kamen die Weißen, die die Indianer ohne Entschädigung enteigneten und von ihrem Grund und Boden verjagten.

Bewegliche Gelenkachse

Der „Kuhfänger" (Bahnräumer) schiebt Hindernisse zur Seite.

JOHN BULL
Diese vierrädrige Lokomotive wurde 1831 nach Plänen von Robert Stephenson gebaut. In Einzelteile zerlegt wurde sie von England in die USA verschifft. Da sie leicht entgleiste, stattete man sie mit einer zusätzlichen Gelenkachse und einem Kuhfänger aus.

Diese Modell-Lok ist einer Lokomotive von 1875 nachgebildet.

Dampfpfeife

Signalglocke

Große Stirnlampe

KUHFÄNGER
Die Schienenstränge waren nicht eingezäunt und große Tiere wie Bisons konnten eine Lokomotive zum Entgleisen bringen. Der Kuhfänger schob sie beiseite. Mithilfe von Signalglocke und -pfeife konnten Zusammenstöße auf ein Mindestmaß beschränkt werden.

Kuhfänger (Bahnräumer)

TYPISCH AMERIKANISCHE LOK
Amerikanische Lokomotiven wurden – z. T. abgewandelt – nach britischer Bauart hergestellt. Dieses Modell einer Lok von 1875 trägt „typisch amerikanische" Züge: Außenzylinder, vierrädrige Gelenkachse, Kuhfänger, große Stirnlampe. Der elastische Rahmen fing Schienenunebenheiten besser auf. Das große Führerhaus gewährte Heizer und Maschinist mehr Schutz gegen Wind und Wetter. Auf dieser Lok heizte man mit Kohle, während frühere amerikanische Loktypen mit Holz befeuert wurden.

Gelenkachse Antriebsräder

Eisenbahnbau

Arbeitspickel

Wie aufwendig der Bau einer Eisenbahnstrecke ist, wird oft unterschätzt. Lokomotiven können nur Steigungen bis zu einem gewissen Grad bewältigen. Daher kann man nicht immer den direkten Weg wählen, sondern muss auf weniger steile, aber längere Strecken ausweichen. Will man die Strecke möglichst eben bauen, muss man Trassen, Einschnitte, Brücken und Tunnel anlegen. Ingenieure entscheiden über den Streckenverlauf, indem sie festlegen, wie stark Steigungen und Gefälle sein dürfen. Es spielt auch eine Rolle, welche Art von Zügen die Strecke mit welcher Geschwindigkeit und welcher Last befahren soll. Mancher Steilhang kann nur in Serpentinen überwunden werden. Tunnel und Brücken verhindern, dass die Strecken allzu lang werden – aber sie sind sehr teuer.

BLUT, SCHWEISS UND TRÄNEN
Auch für so tiefe Einschnitte in die Landschaft standen anfangs nur menschliche Arbeitskraft und einfache Werkzeuge zur Verfügung. Zahlreiche Arbeiter quälten sich oft jahrelang damit, das Gestein auszubrechen, das für den Bahndammbau weiterverwendet wurde.

HARTE ARBEIT
Mit primitivem Werkzeug wie solchen Pickeln wurden die ersten Bahnstrecken gebaut. Schaufeln, Holztragen, einfache Winden und Holzgerüste gehörten ebenfalls zur Ausstattung der Bautrupps. Später benutzte man Schießpulver zum Sprengen von Fels. Ebenso primitiv wie das Werkzeug waren die provisorischen Behausungen der Arbeiter entlang der Strecke.

DER BAUTRUPP
Die amerikanische Eisenbahn wurde von Trupps gebaut, die in Waggons auf der Strecke kampierten. Der Zug transportierte die Männer bis zur jeweiligen Baustelle; er war beheizt und es gab heißes Wasser. Verpflegung und Schienen wurden von anderen Zügen herbeigeschafft. Erde und Steine aus Einschnitten verwendete man an anderer Stelle für den Bahndamm. Das Holz für die Brücken wurde meist an Ort und Stelle geschlagen.

Amerikanischer Bautrupp (1885)

BRÜCKENBAU
Wenn man eine Brücke über einen Fluss bauen wollte, musste man zuerst in der Flussmitte eine künstliche Insel anlegen oder dort Stützpfeiler setzen. Dann ließ man die Brückenteile flussabwärts in Position treiben. Bei dieser frühen Bogenbrücke ist auch das tragende Gestell aus Holz. Die Bögen wirken dem Druck entgegen, der die Brückenmitte am stärksten belastet. Diese Brückenform wurde in Amerika sehr häufig verwendet und später einfach für Eisenkonstruktionen übernommen.

Modell einer hölzernen Bogenbrücke von 1848

EISENBAHNBRÜCKEN

Die Form der Brücken hängt von den geografischen Gegebenheiten ab. Die einfachste und häufigste Form ist die Balkenbrücke. Tiefe Schluchten und breite Flusstäler werden von Bogenbrücken überspannt. Für diese Brückenform wurde zum ersten Mal Stahl verwendet, während davor Holz (v. a. für Fachwerkbrücken) und Stein die bevorzugten Baumaterialien waren. Große Brückenkonstruktionen, wie die angloamerikanische Sonderform der Auslegerbrücke, wurden zuerst in Stahl (S. 23) und werden heute allgemein in Stahlbeton ausgeführt.

Die Royal-Albert-Brücke bei Plymouth wurde 1859 von Brunel gebaut.

TUNNEL UNTERM MEER

Der Tunnel unter dem Ärmelkanal, der England mit Frankreich verbindet, ist 50,4 km lang, davon verlaufen 38,6 km unter Wasser. Riesige Bohrmaschinen, so groß wie der Tunneldurchmesser, fraßen sich von beiden Seiten durch den Meeresboden. Sie wurden dort „begraben", wo sich die Bohrtrupps der beiden Seiten trafen, da der Rücktransport der Ungetüme zu schwierig gewesen wäre. Seit 1994 fahren Züge und Autos durch den Kanaltunnel.

BRUNEL

Der Engländer Isambard Kingdom Brunel (1806–1859) war ein außergewöhnlich begabter Ingenieur. Er baute Schiffe, Eisenbahnen und Brücken.

WER SOLL DAS BEZAHLEN?

Mit der Ausgabe von Aktien und Anleihen verschafften sich die Eisenbahngesellschaften das gewaltige Kapital zum Bau der Eisenbahn. Aus wirtschaftlichem und militärischem Interesse beteiligte sich in vielen Ländern der Staat und übernahm oft die Eisenbahn in eigener Regie. Das festverzinsliche Wertpapier (Bond) der amerikanischen Regierung ist 1000 Dollar wert.

KOMMEN UND GEHEN

In Personenbahnhöfen (S. 48–49) wurden nach und nach viele Dienstleistungen für ankommende und abfahrende Reisende angeboten.

Brücken über große Flüsse müssen genügend Durchfahrtshöhe für Schiffe bieten.

Hindernisse überwinden

Als die Eisenbahnnetze ausgebaut wurden, stieß man auf viele Schwierigkeiten. Vor allem galt es, natürliche Hindernisse wie tiefe Täler und Schluchten, Gebirge, breite Flüsse und Seen zu überwinden. Der Fortschritt der Technik machte es möglich, immer größere Brücken zu bauen, auch auf schwierigem, schwer zugänglichem Terrain. Dann kamen stärkere Lokomotiven, sodass es inzwischen kaum noch Probleme technischer Art für die Eisenbahn gibt. Heute stellen sich ganz andere Fragen: die nach der Wirtschaftlichkeit und der Finanzierung des unter Konkurrenzdruck geratenen Verkehrsmittels Eisenbahn.

ÜBER DEN HAFEN VON SYDNEY
Die längste Stahlbogenbrücke der Welt, 1932 fertiggestellt, spannt sich 503 m über den Hafen von Sydney – eindrucksvoll vor der Skyline der Stadt. Damals trug sie zwei Eisenbahn- und zwei Straßenbahngleise. Heute führt sie zusätzlich eine achtspurige Straße sowie einen Geh- und einen Radweg.

STARK UND WENDIG
Für schwierige Steigungen im Gebirge benötigte man starke Lokomotiven, die aber nicht zu schwer sein durften und auch kurvenreiche Strecken bewältigen sollten. Bewegliche Achsen sorgten für die Lösung des Problems: Unter dem Rahmen wurden vorn und hinten frei bewegliche Drehgestelle angebracht, die für die nötige Beweglichkeit in Kurven sorgten.

Modell einer Kitson-Meyer-Tenderlokomotive von 1903 (Einsatzland: Chile)

IM ZUG ÜBERS MEER
Zugfähren verkehren schon seit Mitte des 19. Jh. und erlauben es Bahnreisenden, ihren Zielort ohne Aus- und Umsteigen zu erreichen.

BEQUEM ZUM GIPFEL
Die Gipfel der Berge sind mit Normalspurbahnen nicht zu erreichen. Zahnrad- und Zahnstangensysteme machten es aber möglich, dass schon 1873 die erste – damals noch dampfgetriebene – Bahn Europas auf das Rigi-Massiv am Vierwaldstätter See fuhr.

WANDERN MIT DEM ZUG
Bahnausflüge in die Berge waren schon Ende des 19. Jh. eine Touristenattraktion. Am Gipfel des Snowdon in Wales öffnete 1896 eine Zahnradbahn.

MONUMENT AUS STAHL
Eine der berühmtesten Eisenbahnbrücken führt über den Firth of Forth nordwestlich von Edinburgh in Schottland. 1890 fuhr der erste Zug über diese älteste Auslegerbrücke (S. 21–22). Sie ist heute noch in Gebrauch.

Diese Lok hatte zwar nur einen Kessel, aber je ein Triebwerk (mit eigenem Schornstein) auf den beiden Drehgestellen. Das machte sie stark und wendig zugleich.

C . N . R

DIE ERSTE ZAHNRADBAHN
1869 wurde am Mount Washington (1917 m) im US-Bundesstaat New Hampshire die erste Zahnradbahn der Welt eröffnet. Sie wird heute noch mit Oldtimer-Loks betrieben. Die Bahn hat eine Steigung von 33 % zu bewältigen – für normale Züge stellen bereits 3 % Steigung eine hohe Anforderung dar.

Drehgestell mit Triebwerk für enge Kurven

Schienenstränge

Ohne Gleise keine Eisenbahn! Von der Beschaffenheit der Gleise hängt es ab, welche Art von Zügen darauf fahren kann. Pferdebahnen benötigten noch keine besonders tragfähigen Gleise. Bei den ersten Dampfloks dagegen brachen nicht selten die Gleise unter dem gewaltigen Gewicht. Die gusseisernen Schienen wurden daher bald gegen schmiedeeiserne ausgetauscht und seit den 1870er-Jahren verwendet man widerstandsfähigen Stahl. Die Gleisqualität musste für die immer schwereren und schnelleren Züge ständig verbessert werden. Man ging dazu über, aneinanderstoßende Schienen nahtlos zu verschweißen, wodurch das bekannte Rattern der Räder fast verschwand. Der Abstand zwischen den Schienen, die Spurweite, ist von Land zu Land und z. T. in den einzelnen Ländern uneinheitlich. Wo das Gelände für den Eisenbahnbau besonders schwierig war, verlegte man vorzugsweise die billigeren Schmalspurgleise, die einfacher zu verlegen und zu warten sind.

GLEISWIRRWARR
Wenn man sich im Zug einem großen Bahnhof nähert, wird das Gewirr der Gleise immer undurchsichtiger. Und doch werden all die Gleise und Weichen gebraucht, um die Züge den Anforderungen des Bahnbetriebs entsprechend leiten zu können.

GLEISBAU
Zu Beginn des Bahnzeitalters war der Gleisbau harte Arbeit für vielköpfige schlecht bezahlte Baukolonnen. Verglichen mit der heutigen fast vollautomatischen Gleisverlegung, war das damalige Werkzeug sehr primitiv.

Winkelprofil für kranzlose Räder

Zusammengeschmiedet

Stück einer alten Weiche mit Leitkante

WEICHEN
Schon im Bergwerk war es nötig, dass die Grubenwagen einander aus „weichen" konnten, indem sie das Gleis wechselten. Dazu wurden Weichenstücke der oben gezeigten Art eingebaut. Als sich die glatte Doppelkopfschiene und Räder mit Spurkranz durchgesetzt hatten, wurden entsprechend komfortable und bewegliche Zungenweichen konstruiert.

SCHIENENPROFILE
Nach vielen Experimenten fanden Ingenieure endlich das geeignetste Schienenprofil: das der Breitfußschiene. Es ist heute noch in Form der Einheitsschiene UIC 60 gebräuchlich.

G. N. R
80 LBS RAIL
December 1870.

L. & Y. R.
STORES DEP.T
1884.

Schienenkopf

Ab Mitte des 19. Jh. wurde die Breitfußschiene in England eingeführt, weltweit erst gegen Ende des 19. Jh.

Bullenkopfprofil (1870)

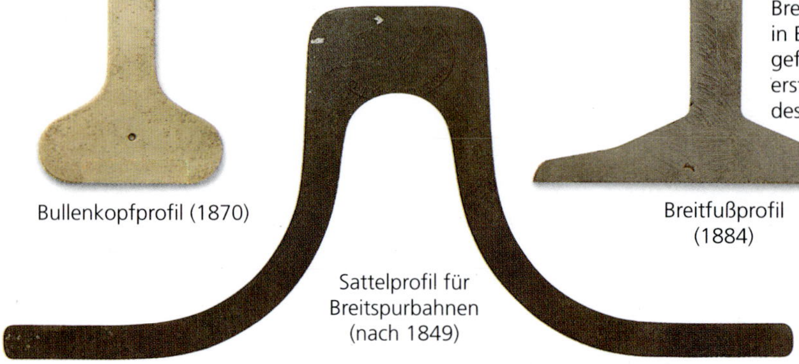

Sattelprofil für Breitspurbahnen (nach 1849)

Breitfußprofil (1884)

Leitkante führt Räder ohne Spurkranz.

WINKEL-SCHIENE (1808)
Die ersten gusseisernen Winkel-schienen waren aus kurzen Stücken zusammengesetzt und lagen auf Steinschwellen.

Rad mit Spurkranz auf glatter Schiene

FISCHBAUCHSCHIENEN
Diese Gusseisen-schienen trugen die ersten Dampfloks der Welt. Das nach unten verstärkte Mittelteil fing den Druck besser auf.

Holzpflock hält die Schiene im „Stuhl".

Der „Stuhl" ist mit Schrauben oder Nägeln auf der Holzschwelle befestigt.

Gusseiserner Schienenstuhl

Schwelle aus Holz

BULLENKOPFSCHIENE
Dieses Profil wird im Schienenstuhl gehalten, der auf Holzschwellen geschraubt oder genagelt wird.

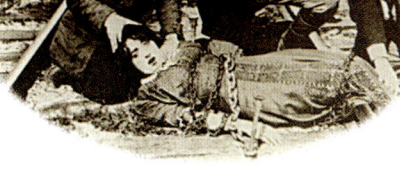

GEFÄHRLICHE GLEISE
Die Eisenbahn hat Filmemacher von Anfang an fasziniert. Dieses Bild aus der Frühzeit des Kinos spricht für sich.

Kopf der Stahlschiene

Die Schwelle trägt die Schiene und hält die Spurweite konstant.

Stahlfeder hält die Schiene auf der Schwelle.

SPURWECHSEL
Früher hielten die Züge oft unterwegs, weil die anschließende Strecke eine andere Spurweite hatte. Besonders mit viel Gepäck war das Umsteigen sehr lästig – und zuweilen auch recht kostspielig.

BREITFUSSSCHIENE
Die heute gebräuchliche Breitfußschiene besteht aus Stahl, hat eine Gummiunterlage und ist mittels Stahlfedern auf einer Schwelle aus Holz oder Beton befestigt. Die ersten Breitfußschienen wurden einfach auf die Holzbohlen genagelt.

SPURWEITE
Zum Nachmessen der Spurweite dienten solche Messstäbe. Der Abstand wurde von Innenkante zu Innenkante der Schienen gemessen. Heute beträgt die Normal-spur in den meisten europäischen Ländern und in Nordamerika einheitlich 1435 mm. Bei den Schmal- und Breitspurbahnen gibt es keine einheitlichen Spurweiten.

F.D. BANISTER Esq, C.E.

Güterzüge

Die ersten Güterzüge transportierten Kohle- und Erzladungen in den Bergwerken. Sie hatten nur zwei oder drei einfache Wagen und wurden vor einem Pferd gezogen. Seit es Dampflokomotiven gab (S. 10–11), fuhren auch längere und schnellere Güterzüge, und der Gütertransport auf der Schiene wurde wirtschaftlich interessant. Mit der Zeit wurde das Eisenbahnnetz so ausgebaut, dass Rohstoffe direkt zu den Fabriken gebracht und dort die Fertigprodukte abgeholt werden konnten. Am Anfang fuhren Güterzüge allerdings langsam, weil sie sonst im Notfall mit ihren primitiven Bremsen nicht rechtzeitig anhalten konnten. Leistungsstärkere Bremsen erlauben Höchstgeschwindigkeiten von über 100 km/h.

AUTOS AUF SCHIENEN
Seit etwa 1820 wird sperrige Fracht auf der Schiene transportiert. Die Briefmarke aus der ehemaligen DDR zeigt, wie man die Straße entlasten kann.

FRACHT UND PASSAGIERE
Die ersten öffentlichen Züge um 1830 waren gemischte Personen- und Güterzüge. Dabei wurde jede Art von Fracht, auch Vieh, mitgeführt.

BREMSERHAUS
Erst 1918 wurde in Preußen die durchgängige Luftdruckbremse für Güterzüge eingeführt. Bis dahin hatten lediglich einige wenige Waggons Bremserhäuschen und diese verfügten nur über schwache Handbremsen. Der Zug wurde allein durch die Lok gebremst, man fuhr deshalb nicht schneller als 50 km/h.

GÜTERVERTEILUNG
Heute transportieren Güterzüge Waren in großen Containern. Diese haben alle die gleiche Größe, damit sie problemlos übereinander gestapelt werden können und vom Zug aus auf Schiffe, Lkw oder Flugzeuge geladen werden können.

DIESELKRAFT
Ab 1939 bewiesen dieselelektrische Loks ihre Überlegenheit. Bis Mitte der 1950er-Jahre hatten sie die Dampflok weitgehend verdrängt.

Eisenhaken

MINIMALE SICHERHEIT
Lange Zeit wurden Güterwaggons nur mit kurzen Ketten aneinandergehängt. Die Arbeiter, die die Waggons an- oder abhängten, verletzten sich dabei nicht selten. Die lange Stange mit dem Haken machte die Arbeit ein wenig sicherer.

Transport-
waggon der
Kohlezeche
Stanton in
Nordengland

*Seitliche Ent-
ladeklappe*

STANTON

9988

TARE 7~4~3

LOAD 12 TONS

Handbremse

KOHLEWAGGON

Ein Großteil der britischen
Güterzüge beförderte
Kohle. Sie wurde meist in
lorenartigen Waggons transportiert, die den Kohlezechen
gehörten und etwa 10 t Ladung
fassten. Sie wurden von oben automatisch
beladen, mussten aber häufig noch mit
Schaufeln entladen werden.

VIELSEITIG

Die heutigen Güterzüge transportieren
Schüttgüter wie Kohle, Erz, Sand und
Kies in Selbstentladewaggons. Für
Öl und andere Flüssigkeiten gibt es
Tankwagen. Zunehmende Bedeutung
kommt heute Containerwaggons zu.

SCHLUSSLICHT

Jeder Zug hat eine Schluss-
leuchte, die anzeigt, dass die
Wagen vollzählig sind. Diese
moderne Batterieleuchte blinkt.

ASS
D

LINED
DAIRIES
TANK

M*S   44057   SHUNT WITH CARE

MILCHTANK

Mit der Eisen-
bahn konnte die
Stadtbevölkerung
besser mit frischen
Lebensmitteln
versorgt werden. Seit Mitte der
1930er-Jahre wird Milch in glasbeschich-
teten Tanks transportiert. Die Tankwagen
werden vom Führerstand aus gebremst.

Erster, zweiter, dritter Klasse

Anfangs waren Bahnreisen bei Weitem nicht so komfortabel wie heute. In der Regel gab es drei Klassen mit entsprechenden Preisen. Reisenden erster Klasse stand ein Abteil zur Verfügung, das an das Innere einer Reisekutsche erinnerte. Es war geschlossen und hatte Fenster und gepolsterte Sitze. Die Waggons der zweiten Klasse hatten Bänke. In die offenen Wagen regnete es hinein, es war rußig und kalt. In den offenen Waggons der dritten Klasse fehlten schließlich sogar die Bänke. Später glich sich die Ausstattung der drei Klassen mehr und mehr an. Im Lauf der Zeit bekamen die Waggons dann Heizung und Gänge, durch die man während der Fahrt zur Toilette und zum Speisewagen gelangen konnte und die auch die Fahrkartenkontrolle erleichterten.

UNTER SICH
In der ersten Klasse hatte man Platz, saß bequem und konnte sich ungestört unterhalten. Im 19. Jh. waren Eisenbahnreisen noch ein aufregendes Abenteuer.

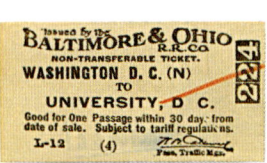

Fahrkarte 1. Klasse (USA)

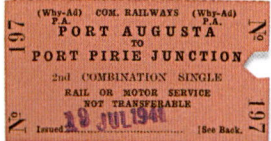

Fahrkarte 2. Klasse (Australien)

Fahrkarte 3. Klasse (England)

DIE FAHRKARTEN, BITTE!
Die Fahrkarte ist der Beleg dafür, dass man für die Fahrt bezahlt hat. So ähnlich wie die hier abgebildeten sahen die allerersten Fahrkarten von 1837 aus.

LOCHZANGE
Wenn eine Fahrkarte gelocht, gestempelt oder auf andere Weise markiert ist, weiß man, dass sie benutzt und kontrolliert wurde.

Tür zum eigenen WC

Lese-lampe

Komfort-sitze

Dritter-Klasse-Abteil

ERSTER-KLASSE-ABTEIL
Die Abteile des unten abgebildeten Waggons von 1904 haben erster, zweiter und dritter Klasse dasselbe Grundmuster. In der ersten Klasse sind die Sitze jedoch größer und bequemer und die Reisenden haben mehr Beinfreiheit. Da sie am weitesten von den Achsen entfernt sitzen, bekommen sie am wenigsten vom Rütteln und Rattern der Räder mit.

WC-Raum

DIE ANFÄNGE

Bilder der ersten Personenzüge der 1930er-Jahre zeigen die geschlossenen Waggons der ersten und die offenen Wagen der zweiten und dritten Klasse.

Toilette

FAHRT IN EIN NEUES LEBEN

Eisenbahn und Dampfschifffahrt machten Massenauswanderungen möglich. Jetzt konnten die europäischen Einwanderer in Nordamerika schnell in den Mittleren Westen oder an die Westküste weiterreisen – in immer überfüllten Sonderzügen.

ZWEITER-KLASSE-ABTEIL

Um 1900 reiste man zweiter Klasse etwas beengter als erster Klasse, aber auch recht komfortabel. Wegen der geringen Unterschiede zur ersten Klasse wurde diese „Mittelklasse" bald wieder aufgegeben.

Eisenbahn-Eigenwerbung

HARTE ZEITEN

Die dritte Klasse der frühen Züge war eine andere Welt. Drei- bis viermal so viele Fahrgäste drängten sich auf dem gleichen Raum.

TÜR-SCHLÜSSEL

Nicht benutzte Waggons werden mit solchen einfachen Vierkantschlüsseln abgeschlossen.

DREI-KLASSEN-WAGGON

Der unten abgebildete Waggon von 1904 ist eine Ausnahme: Er hatte Abteile aller drei Klassen, zwischen denen es keine Verbindungstüren gab. Jedes Abteil besaß einen eigenen WC-Raum. Da kein Korridor zum nächsten Waggon führte, konnte man den Wagen leicht an- und abkoppeln.

DRITTER-KLASSE-ABTEIL

Dieses Abteil von 1904 war einfach, aber im Vergleich zur dritten Klasse in den Anfängen des Bahnreisens schon recht luxuriös ausgestattet. Da die Dritter-Klasse-Abteile immer über den Achsen lagen, litt man hier besonders unter dem Rattern der Räder.

Erster-Klasse-Abteil

Zweiter-Klasse-Abteil

Freifahrschein
1. Klasse in Gold für
leitende Angestellte
der Eisenbahn-
gesellschaft

Stilvoll reisen

Mitte des 19. Jahrhunderts bot die Eisenbahn in Europa und den USA ihren Fahrgästen komfortabel ausgestattete Züge mit Toiletten, Heizung, Beleuchtung und Verpflegung – vor allem auf Langstrecken. Je größer der Komfort war, desto stärker wurde die Nachfrage.

Das bewog den Amerikaner George Pullman 1865 dazu, seine Luxus-Schlafwagen auf die Reise zu schicken und den Reisenden einen Erster-Klasse-Speisewagen zu offerieren. Die Eisenbahngesellschaften begannen nun, entlang ihrer Langstrecken Hotels zu bauen. Schon bald konnte man überall erster Klasse reisen, speisen und übernachten, und die Eisenbahn entwickelte sich zu einem geschätzten Reisemittel der Wohlhabenden.

Pullman-Schlafwagen-Fahrkarte

Französische Freifahrkarte

US-Freifahrkarte der Atchison, Topeka & Santa Fe Railway

FREIE FAHRT FÜR CHEFS
Eisenbahndirektoren und ihre Frauen hatten ein Recht auf Freifahrkarten ihrer eigenen und anderer Gesellschaften.

SAMMLERSTÜCKE
In Speisewagen erster Klasse wurden die Mahlzeiten auf feinstem Porzellan serviert, das heute Sammlerwert hat. Dieses Frühstücksservice mit Rosendekor stammt aus den 1930er-Jahren.

EXKLUSIV SPEISEN
Wer es sich leisten konnte, genoss im Erster-Klasse-Speisewagen einen exklusiven Service – den freien Blick auf wechselnde Landschaftsbilder inklusive.

MODISCH REISEN
In den 1920er- und 1930er-Jahren war Reisen mit der Bahn sehr in Mode. Heute noch machen die Eisenbahnen in Europa Werbung mit Bildern modisch gekleideter Reisender aus dieser Zeit.

DARF ES EIN COCKTAIL SEIN?
Auch Cocktails bekam man in britischen Erster-Klasse-Speisewagen serviert. Gläser, Tafelsilber und Porzellan trugen das Monogramm der Eisenbahngesellschaft.

MORD IM ORIENTEXPRESS
Berühmte Züge sind nicht selten Schauplatz von Romanen und Filmen. Agatha Christies Roman wurde von Sidney Lumet verfilmt.

LUXUSLÖWEN
Britische Pullman-Waggons verkehrten von 1874 bis in unsere Tage. Alle trugen das Luxuswappen mit den beiden Löwen.

Aufwendige Einlegearbeiten in der Wandtäfelung

Klingel für den Ober

PULLMAN MACHT´S MÖGLICH
Ende des 19. Jh. boten Pullman-Waggons in den USA alle Annehmlichkeiten. Sonntags gab es sogar einen Gottesdienst.

PULLMAN-STIL
Das Innere des Pullman-Wagens *Topaz* von 1914 erfüllte alle Komfortwünsche. Die britischen Pullman-Wagen waren u. a. für ihre schönen Holztäfelungen berühmt (oben). Alle Sitze hatten Armlehnen, die Tische Glasplatten und Messinglampen. Mit der Klingel rief man den Ober. An jedem Tisch konnte man Speisen und Getränke bestellen. An jedem Ende der Waggons befand sich je ein kleines Abteil mit vier Plätzen – das sogenannte *Coupé*.

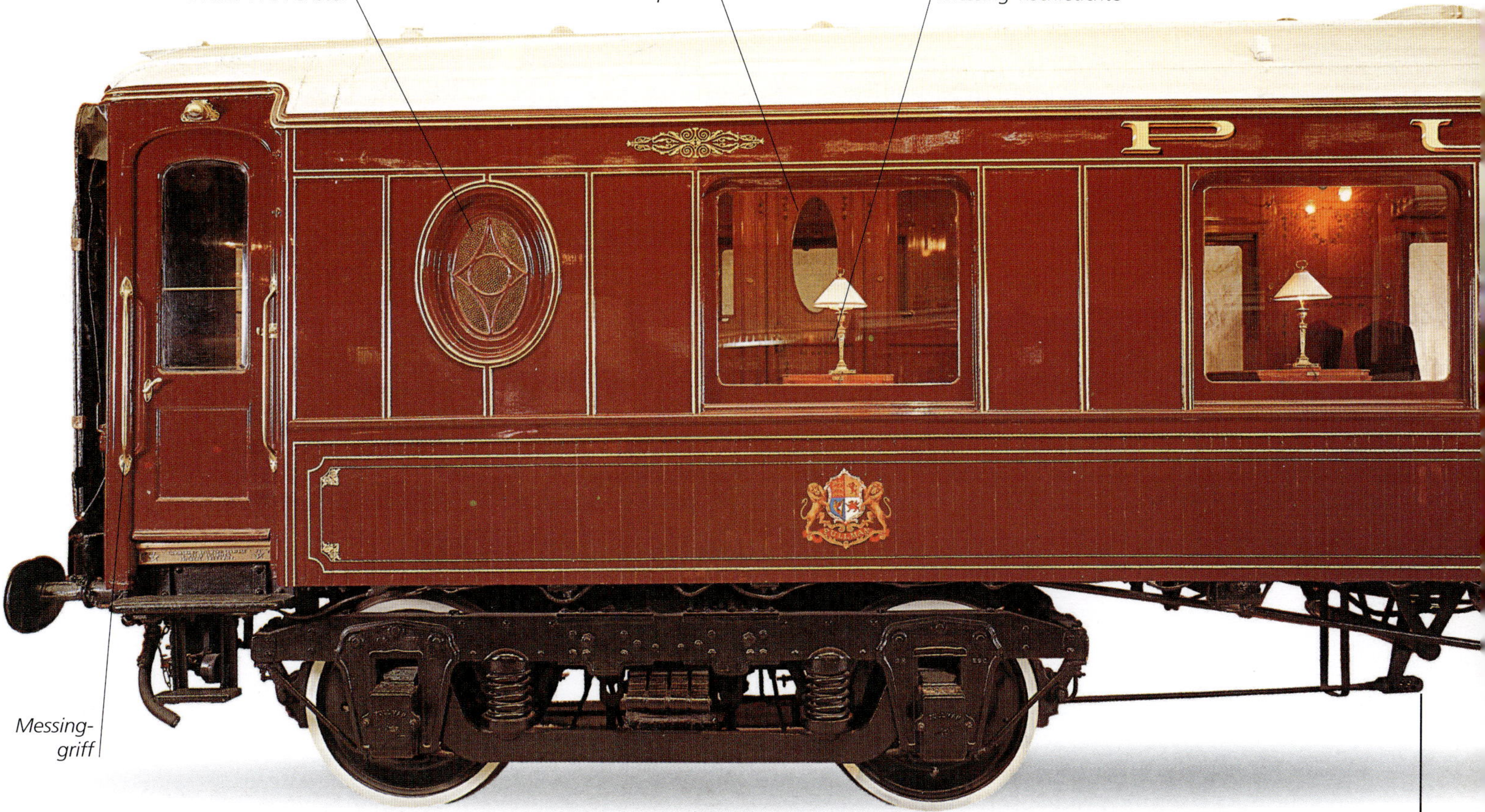

Ovales WC-Fenster

Coupé-Tür

Messing-Tischleuchte

Messing-griff

Im Stellwerk

Das Stellwerk gewährleistet die Sicherheit des Zugverkehrs. Anfangs ließ man die Züge in großen Sicherheitsabständen fahren. Mit Signalflaggen oder -stöcken erhielt der Lokführer die Aufforderung zum Weiterfahren. Auch die Weichen wurden zuerst von Hand gestellt. Als sich Mitte des 19. Jahrhunderts die elektrische Telegrafie durchsetzte, konnte man Informationen über die Zugbewegungen elektromechanisch übertragen und Signale und Weichen von einem Stellwerk aus zentral betätigen. Noch heute beruht die Streckenüberwachung auf dem damals erfundenen Blocksystem: Die Strecke, auf der sich ein Zug befindet, ist für andere „geblockt" (gesperrt).

Im Stellwerk brannte eine Öllampe, falls einmal der Strom ausfallen sollte.

Läutsignale meldeten benachbarten Stellwerken herannahende Züge.

Gelber Hebel für ein entferntes (Warn-)Signal

Roter Hebel für Haltesignale

Blaue Hebel zum „Verschluss", schwarze zum Verstellen der Weichen, weiße unbelegt

SO FUNKTIONIERT´S
Auf der Hebelbank dieses Stellwerks befinden sich 40 Hebel für Signale und Weichen. Mithilfe der elektrischen Geräte über der Bank werden Signale mit den benachbarten Stellwerken ausgetauscht. Andere Instrumente, die sogenannten Blockkästen (S. 33) zeigen an, ob sich ein Zug auf der Strecke befindet oder nicht. Ein ausgeklügeltes Blocksystem verbindet Instrumente, Signale und Gleise, um Fehlmeldungen auszuschließen und Züge dann zu melden, wenn sie einmal auf der Strecke liegen bleiben sollten.

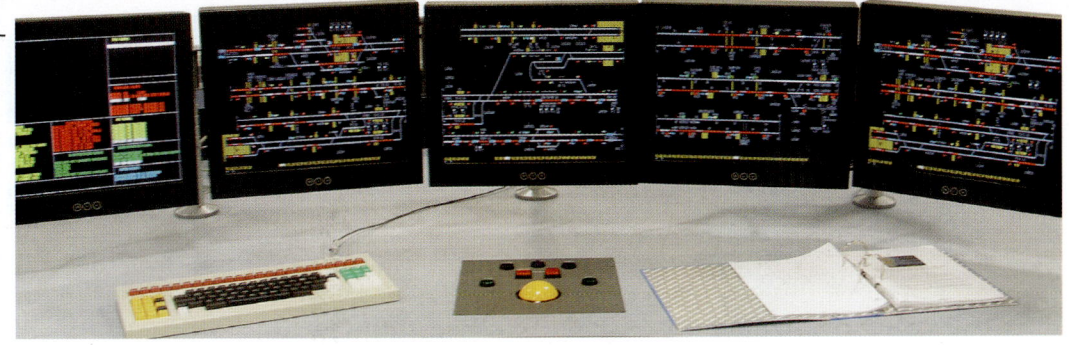

MODERNE STEUERZENTRALE

Eine moderne Betriebssteuerzentrale ist so programmiert, dass sie von allein funktioniert. Es sei denn, es gibt einen Betriebsfehler, wie z.B. eine Entgleisung oder eine Signalstörung. Dann greift der Bahnwärter ein und bestimmt die Strecken, auf denen die Züge weiterfahren können.

DREIFELDERBLOCK

Die Blockfelder im nächsten Stellwerk zeigen an, ob die Strecke „geblockt" ist oder nicht.

AUF DEM BAHNSTEIG

Auf vielen kleinen Bahnhöfen in Frankreich stand die Hebelbank auf dem Bahnsteig. So konnte der Bahnwärter zwischendurch auch noch andere Arbeiten erledigen.

Streckenblock für eingleisige Strecken

BAHNTELEGRAF

Mit Läutcodes wurde der Zustand der Strecke vor und hinter dem Stellwerk abgefragt und mitgeteilt.

STRECKE FREI

Der Stellwerksmeister musste von Hand die Hebel umlegen, die über Rohrgestänge mit den Weichen und über Drahtzüge mit den Signalen verbunden waren.

Die Stäbe zum Freimachen der Strecke waren im Streckenblock eingeschlossen.

DAS STELLWERK

Mechanische Stellwerke waren immer erhöht gebaut, um den Betrieb von Gestängen und Drahtzügen zu erleichtern. Eine moderne Steuerzentrale hat die Kapazität von einem Dutzend früherer Stellwerke.

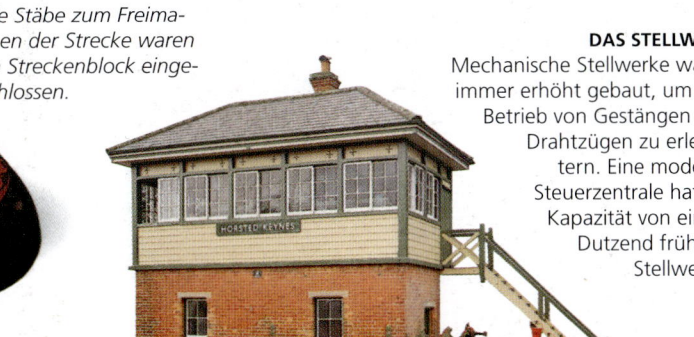

SPEZIALSICHERUNG

Auf eingleisigen Strecken schuf dieses Instrument besondere Sicherheit: Dem Lokführer wurde ein codierter Stab überreicht, mit dem er die Strecke umstellte. Erst dann hatte er freie Fahrt.

DREIFELDERBLOCK FÜR RÜCKMELDUNGEN

Dieser Blockkasten gab die Informationen über die Strecke an das davorliegende Stellwerk zurück.

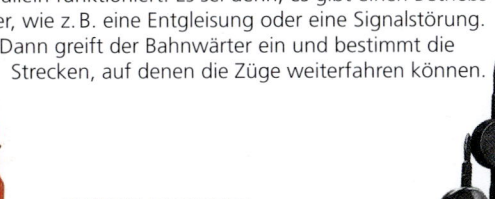

Eisenbahnsignale

Lokführer müssen sich in einer Vielzahl von Signalen auskennen. Ohne diese Signale käme es zu Zusammenstößen, die in den Anfangszeiten der Eisenbahn nicht selten waren. Damals gaben Bahnpolizisten noch Handsignale. Daraus entwickelten sich die mechanischen Signale (Formsignale). Die Züge wurden schneller und die Bremsen wirksamer. Jetzt mussten auch die Vorrichtungen verbessert werden, die einen reibungslosen und sicheren Verkehr garantieren sollten. In den 1920er-Jahren wurden die Haupteisenbahnlinien mit elektrischen Lichtsignalen ausgestattet, die bei Tag und bei Nacht viel besser zu erkennen sind als die Öllampen, die eine Zeit lang verwendet wurden. Die Signale informieren den Lokführer über die Situation auf der vor ihm liegenden Strecke. Ihre Stellung kann ständig in den benachbarten Stellwerken überprüft werden.

BITTE HALTEN!
Auf kleinen, ländlichen Bahnhöfen wie hier in Australien hielt der Zug nur, wenn die Fahrgäste auf dem Bahnsteig ein kleines Stoppschild schwenkten.

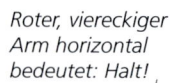

Roter, viereckiger Arm horizontal bedeutet: Halt!

Bahnwärterabzeichen

ERKENNUNGSMARKE
Die Angestellten der Eisenbahn haben immer Abzeichen mit einer persönlichen Erkennungsnummer getragen.

SIGNALLAMPE
Anfänglich wurden dem Lokführer auf den Bahnhöfen bei Tag mit Flaggen und bei Nacht mit Öllampen Signale gegeben. Die Glasscheibe der Lampe ließ sich auf rot (Halt), grün (Freie Fahrt) oder weiß (zum Leuchten) stellen.

Dreiphasenlampe

HALT!
Solche *Semaphore*-Signale gab es nur in England. Das mechanische Flügelsignal hat zwei Arme. Der obere zeigt „Halt!" oder „Freie Fahrt!" am Ort an. Der untere weist auf die Stellung des nächsten Signals hin. Hier stehen beide Arme horizontal, das bedeutet: „Halt!"

STOCK UND BINDE
Zu Anfang wurden Bahnpolizisten auch als Bahnwärter eingesetzt. Mit verschiedenfarbigen Flaggen signalisierten sie dem Lokführer zu halten, vorsichtig zu fahren oder: Freie Fahrt! Sie trugen Armbinden mit einer Erkennungsnummer und am Gürtel ebenso reich verzierte Schlagstöcke als Waffe.

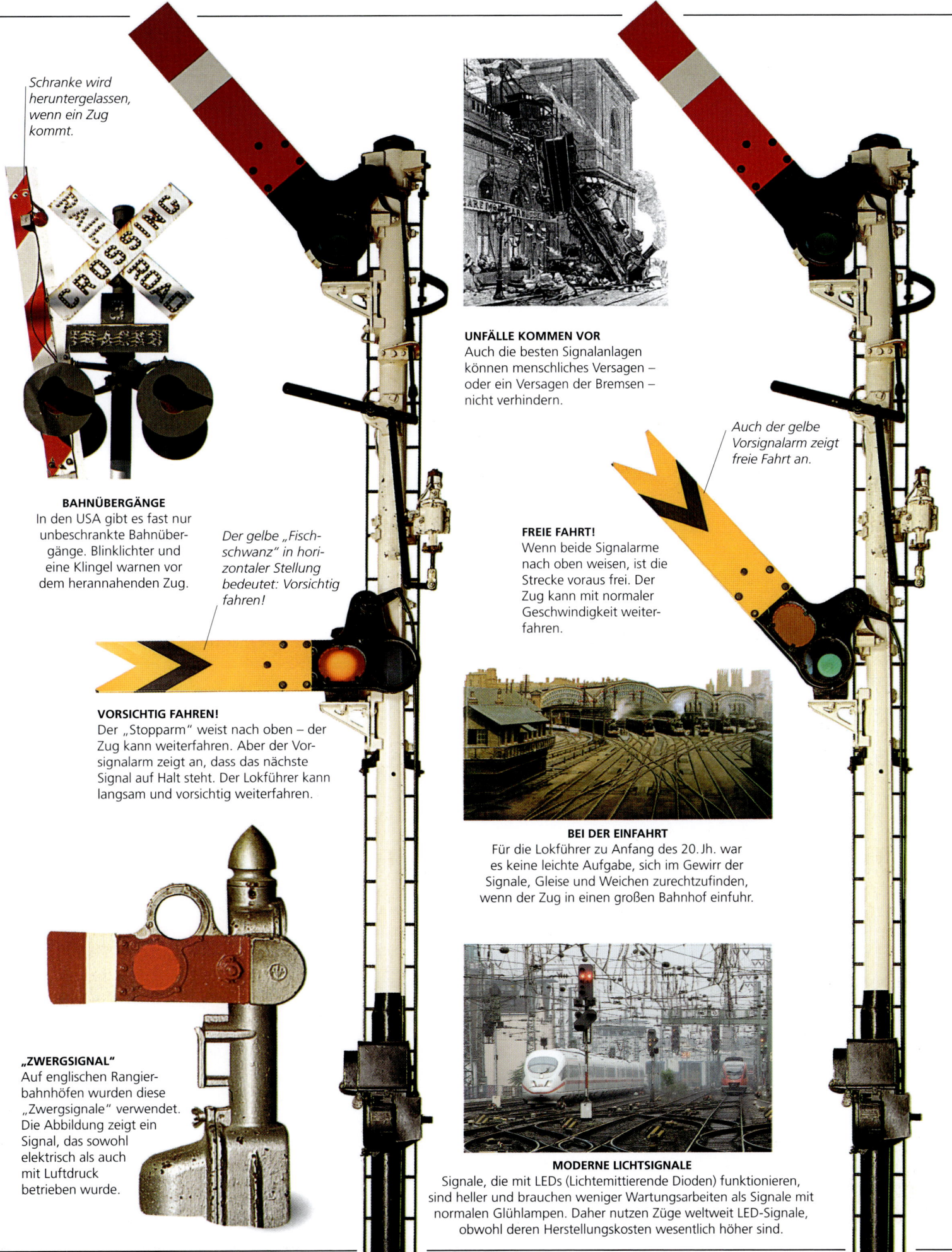

Schranke wird heruntergelassen, wenn ein Zug kommt.

UNFÄLLE KOMMEN VOR
Auch die besten Signalanlagen können menschliches Versagen – oder ein Versagen der Bremsen – nicht verhindern.

Auch der gelbe Vorsignalarm zeigt freie Fahrt an.

BAHNÜBERGÄNGE
In den USA gibt es fast nur unbeschrankte Bahnübergänge. Blinklichter und eine Klingel warnen vor dem herannahenden Zug.

Der gelbe „Fischschwanz" in horizontaler Stellung bedeutet: Vorsichtig fahren!

FREIE FAHRT!
Wenn beide Signalarme nach oben weisen, ist die Strecke voraus frei. Der Zug kann mit normaler Geschwindigkeit weiterfahren.

VORSICHTIG FAHREN!
Der „Stopparm" weist nach oben – der Zug kann weiterfahren. Aber der Vorsignalarm zeigt an, dass das nächste Signal auf Halt steht. Der Lokführer kann langsam und vorsichtig weiterfahren.

BEI DER EINFAHRT
Für die Lokführer zu Anfang des 20. Jh. war es keine leichte Aufgabe, sich im Gewirr der Signale, Gleise und Weichen zurechtzufinden, wenn der Zug in einen großen Bahnhof einfuhr.

„ZWERGSIGNAL"
Auf englischen Rangierbahnhöfen wurden diese „Zwergsignale" verwendet. Die Abbildung zeigt ein Signal, das sowohl elektrisch als auch mit Luftdruck betrieben wurde.

MODERNE LICHTSIGNALE
Signale, die mit LEDs (Lichtemittierende Dioden) funktionieren, sind heller und brauchen weniger Wartungsarbeiten als Signale mit normalen Glühlampen. Daher nutzen Züge weltweit LED-Signale, obwohl deren Herstellungskosten wesentlich höher sind.

Post auf Schienen

Im Postwagen konnten Post- und Paketsendungen wie in einem normalen Postamt bearbeitet werden – während der Zug in voller Fahrt durch die Landschaft dampfte. Entlang der Strecke wurde Post von eigens dafür konstruierten Vorrichtungen eingesammelt, ohne dass der Zug anzuhalten brauchte. Nachdem sie sortiert und in Säcke verpackt war, wurde sie an Poststellen aus dem fahrenden Zug in Auffangnetze neben dem Gleis geworfen. Dieser „fliegende Wechsel" der Postsäcke fand an einem Ende des Waggons statt, der übrige Raum im Wagen war für die Arbeit an den Sortiertischen, Fächerregalen und Sortiersäcken eingerichtet.

ANNAHMESTELLE
Diese alte Sammelkarte zeigt eine Annahmestelle der Bahnpost. Das Fangnetz des Postwagens nimmt den ledernen Postsack auf.

DIE AMERIKANISCHE POST
Aus diesem Zug mit einer klassischen amerikanischen Lok aus den 1870er-Jahren werden Postsäcke geworfen. Gleichzeitig nehmen die Postler im Zug von einem galgenartigen Gestell einen Postsack ab.

Diesen Sack nimmt der Zug mit.

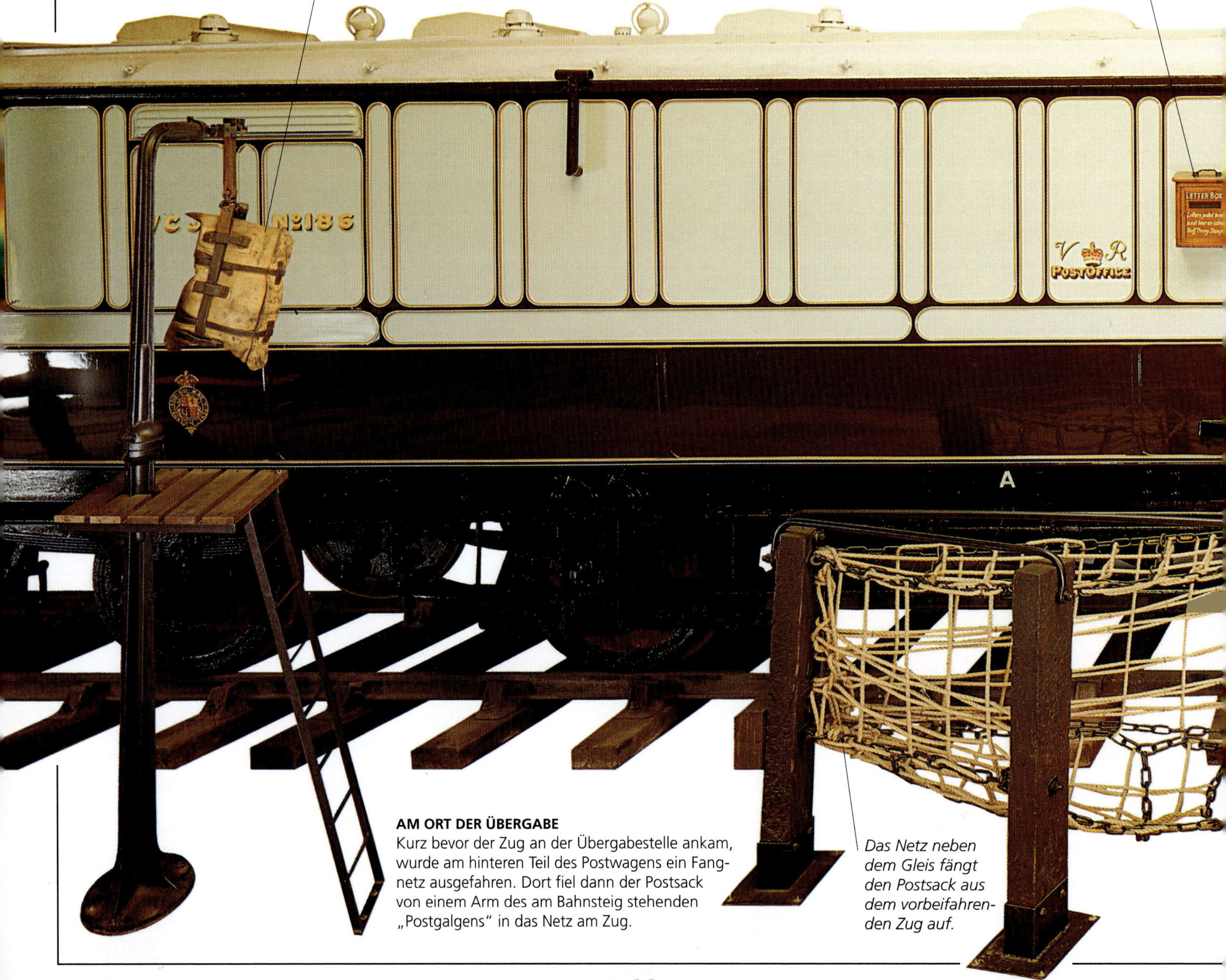

Für Briefe in letzter Minute, für die allerdings Zuschlag erhoben wurde

AM ORT DER ÜBERGABE
Kurz bevor der Zug an der Übergabestelle ankam, wurde am hinteren Teil des Postwagens ein Fangnetz ausgefahren. Dort fiel dann der Postsack von einem Arm des am Bahnsteig stehenden „Postgalgens" in das Netz am Zug.

Das Netz neben dem Gleis fängt den Postsack aus dem vorbeifahrenden Zug auf.

WOHIN GEHT DIE REISE?
Die Briefe wurden auf die Sortiertische geschüttet und nach Bestimmungsort sortiert. Alle Briefe für einen Ort schnürte man zu einem Bündel zusammen, das in einem der Zustellsäcke landete, die unterwegs abgeworfen wurden. Die übrigen Säcke wurden vom Zielbahnhof aus weitertransportiert.

VOM AUTO IN DEN ZUG
Die Zusammenarbeit von Post und Bahn erforderte viel Organisation. Ein Wagen brachte die Post zum Bahnhof. Von Nebenstrecken wurde sie zu Fernstrecken transportiert und dort in die Postwaggons der Fernzüge umgeladen.

POST FÜR IRLAND
Irish Mail (Irische Post) hieß der Personenzug mit Schlafwagenabteilen, der von 1848–1985 die Post für Irland von London zum Fährhafen Holyhead brachte. Von Holyhead setzte die Fähre nach Dublin über.

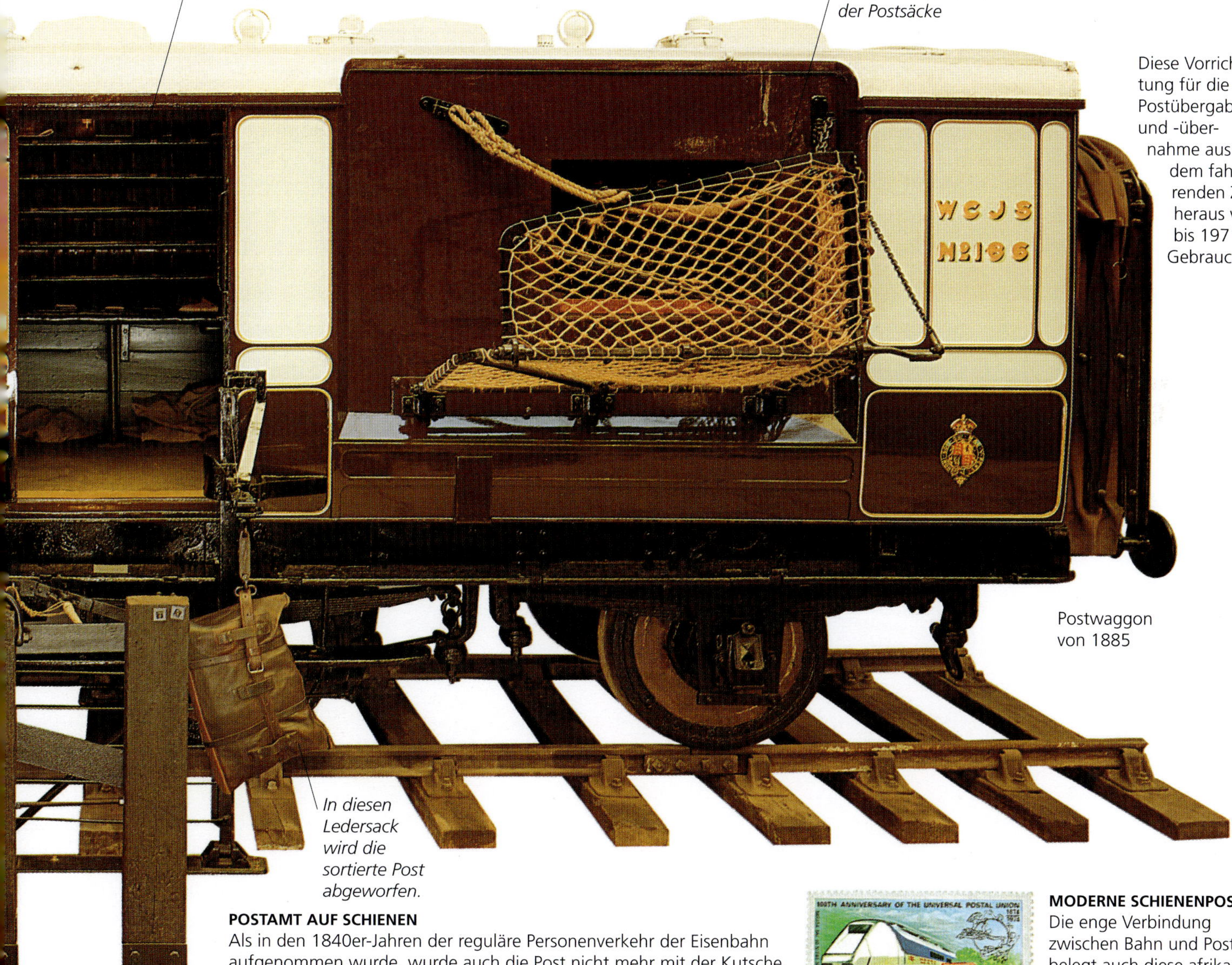

Fächerregal zum Briefesortieren

Netz zur Übernahme der Postsäcke

Diese Vorrichtung für die Postübergabe und -übernahme aus dem fahrenden Zug heraus war bis 1971 in Gebrauch.

WCJS N2186

Postwaggon von 1885

In diesen Ledersack wird die sortierte Post abgeworfen.

POSTAMT AUF SCHIENEN
Als in den 1840er-Jahren der reguläre Personenverkehr der Eisenbahn aufgenommen wurde, wurde auch die Post nicht mehr mit der Kutsche, sondern mit dem Zug befördert. Die weitere Entwicklung ging schnell voran. 1864 fuhr in den USA bereits der erste komplett eingerichtete Postwaggon. Wegen der Konkurrenz durch Straßen- und Lufttransport spielt die Post auf Schienen heute keine Rolle mehr.

MODERNE SCHIENENPOST
Die enge Verbindung zwischen Bahn und Post belegt auch diese afrikanische Briefmarke zum 100-jährigen Bestehen des Weltpostvereins (UPU) 1974.

Elektrifizierung

Die Verwendung von elektrischem Strom zum Antrieb von Lokomotiven wurde erst 1866 durch Werner von Siemens' Erfindung der
Dynamomaschine möglich. Danach setzte eine rasante Entwicklung
ein und schon 1903 erreichte ein Elektro-Triebwagen der AEG die
Rekordgeschwindigkeit von 206 km/h. Elektroloks beziehen den
Strom von Oberleitungen oder von parallel zu den Gleisen lau-
fenden Stromschienen. Gegenüber Dampf- und Dieselloks haben
sie viele Vorteile: Sie sind schneller, leiser, umweltfreundlicher und
leichter zu bedienen. Die Elektrifizierung neuer oder bestehender
Strecken ist kostspielig, aber insgesamt günstiger als Diesel- und
Dampfbetrieb. Aus dem Nahverkehr der Großstädte sind elektrische
Straßenbahnen, U-Bahnen und Regionalexpresszüge nicht mehr
wegzudenken.

DIE ERSTE AMERIKANISCHE
Die erste amerikanische Elektrolok verkehrte
1895 zwischen Baltimore und Ohio. Auf der
6 km langen Strecke waren zahlreiche Tunnel
zu durchfahren, die zur Zeit der Dampfloks
immer voller Qualm waren.

Über den Bügelstrom-
abnehmer wird der Strom
von der Oberleitung zu
den elektrischen Antriebs-
motoren geleitet.

DIE ERSTE DEUTSCHE
Diese Elektrolok von Werner von
Siemens schaffte den Durch-
bruch. Über das Gelände der
Berliner Gewerbeausstellung
1879 zog die kleine Lok
einen Wagen mit 30 Perso-
nen mit einer Geschwindigkeit von 6,5 km/h.

MISTRAL
Wie der kalte Wind durchs Rhônetal „fegte" dieser legendäre franzö-
sische Zug von Paris nach Nizza – berühmt und geschätzt wegen seiner
Laufruhe, Schnelligkeit, Bequemlichkeit und Annehmlichkeiten wie
Restaurant, Buffet und Bar.

NORTH

SUPERSCHNELLZUG
Einer der schnellsten Züge der Welt ist der TGV (Train à Grande Vitesse) in Frankreich. 2007 erreichte er 574,8 km/h und brach damit den Schienenweltrekord. Seit 1981 verkehrt er auf eigens für ihn gebauten und reservierten Gleisen. Ein Zug besteht aus acht Waggons und einer Lokomotive vorn oder hinten. Form und Motorenstärke ermöglichen auch bergauf hohe Geschwindigkeiten.

SCHNELL UND SICHER
Die französische Eisenbahn warb Anfang des Jahrhunderts mit auffälligen Plakaten für die neue Errungenschaft der rußfreien Elektroloks. Dieses Jugendstilplakat preist eine neue schnelle Nahverkehrsverbindung zwischen Paris und Versailles an.

FORTSCHRITT OHNE ENDE
Der rasante Fortschritt der Elektrotechnik lässt neueste Entwicklungen schnell veralten. Der Fernschnellzug rechts verkehrt seit 1991 zwischen der englischen Hauptstadt London und der schottischen Hauptstadt Edinburgh. In Deutschland sorgte Anfang der 1990er-Jahre der Hochgeschwindigkeitszug ICE für Aufsehen. Noch während der Rekordfahrten der Prototypen mit über 400 km/h wurden die ersten 41 kompletten ICE-Züge bestellt.

Diese Elektrolok baute 1904 die englische North-Eastern-Eisenbahngesellschaft.

ELEKTRISCHE GÜTERLOK
Diese Elektrolok vom Anfang des 20. Jh. ersetzte auf tunnelreichen Strecken die Lokomotiven von Güterzügen. In Tunneln war der Qualm von Dampfloks immer ein großes Problem. Den Strom konnte dieser Loktyp sowohl von Oberleitungen wie von Stromschienen abnehmen.

Dieselloks

Die Erfindung von Elektro- und Diesellokomotiven läutete das Ende der Dampflok ein. 1892 meldete Rudolf Diesel das Patent für einen Selbstzündermotor an. Die Kraft des Motors konnte zunächst nicht zufriedenstellend auf die Achsen einer Lokomotive übertragen werden. Man fand drei Lösungen: Die mechanische Kraftübertragung wie beim Auto eignet sich nur für kleine Loks, bei größeren Lokomotiven erfolgt sie hydraulisch, oder der Dieselmotor erzeugt Strom, der Elektromotoren auf den Achsen antreibt. Dieselloks werden auf Strecken eingesetzt, deren Elektrifizierung zu teuer wäre.

Rudolf Diesel

Kühl-
ventilator

DIESELELEKTRO-MOTOR

Dieselelektrische Motoren können die Lokomotive nicht direkt antreiben, wie es bei Dampfloks der Fall ist. Schweres Dieselöl wird in Zylinder mit heißer, komprimierter Luft gespritzt, wo es sich selbst entzündet. Die frei werdende Energie wird auf einen Stromgenerator übertragen und mit dem Strom treiben die elektrischen Fahrmotoren die Räder der Lok an.

Prototyp der dieselelektrischen *Deltic* (Britische Staatsbahnen, 1956)

Der Generator erzeugt Strom für die Fahrmotoren.

Der Dieselmotor treibt den Generator an.

DELTIC

TRANS-EUROPA-EXPRESS

Mit den TEE-Zügen wurde zwischen den europäischen Metropolen ein Zugnetz aufgebaut, das besonders Geschäftsreisenden schnelle und komfortable Bahnverbindungen bot. Die Luxuszüge wurden von dieselelektrischen Triebwagen gezogen.

Kanne für warmes Getränk

BROTZEIT

Lokführer haben immer etwas zu essen und ein warmes Getränk für unterwegs dabei. Die Behältnisse dafür ähneln oft noch denen aus den Tagen der Dampfloks.

Plastikbezug schützt vor Schmutz.

REKORDDIESELLOK

Einer der ersten Hochgeschwindigkeitszüge mit Dieselantrieb war der *Zephyr*, der Mitte der 1930er-Jahre in den USA auf der Strecke Chicago-Denver verkehrte. 1936 stellte er einen noch heute gültigen Rekord auf: eine konstante Reisegeschwindigkeit von 134 km/h über die gesamte Strecke von 1609 km.

LOKFÜHRERMÜTZE

Traditionelle Dampflokführermützen wie diese galten als Abzeichen für das Dienstalter. Sie schützten auch die Haare vor Ruß und Kohlenstaub.

ZEITERSPARNIS

Schnelle Dieselgliedzüge wie dieser britische Intercity-Zug sollen Zeit und Arbeitskraft sparen helfen. Die Waggons befinden sich zwischen den beiden „Triebköpfen" an den Zugenden. In Kopfbahnhöfen erspart man sich so einen Lokwechsel.

Diesellok der Baureihe 110 auf einer Briefmarke der ehemaligen DDR

DIESELPROTOTYP *DELTIC*

Als 1956 die ersten dieselelektrischen Loks vom Typ *Deltic* gebaut wurden, war die *Deltic* die stärkste Diesellokomotive der Welt. Sie ersetzte ab 1961 auf der Strecke London–Edinburgh die mächtigen stromlinienförmigen *Mallard*-Dampfloks (S. 46–47). Jede *Deltic*-Lok hat in ihrer 20-jährigen Dienstzeit über 4,5 Mio. km zurückgelegt. U. a. bewies dieser Loktyp, wie sehr Dieselloks den alten Dampfloks überlegen sind.

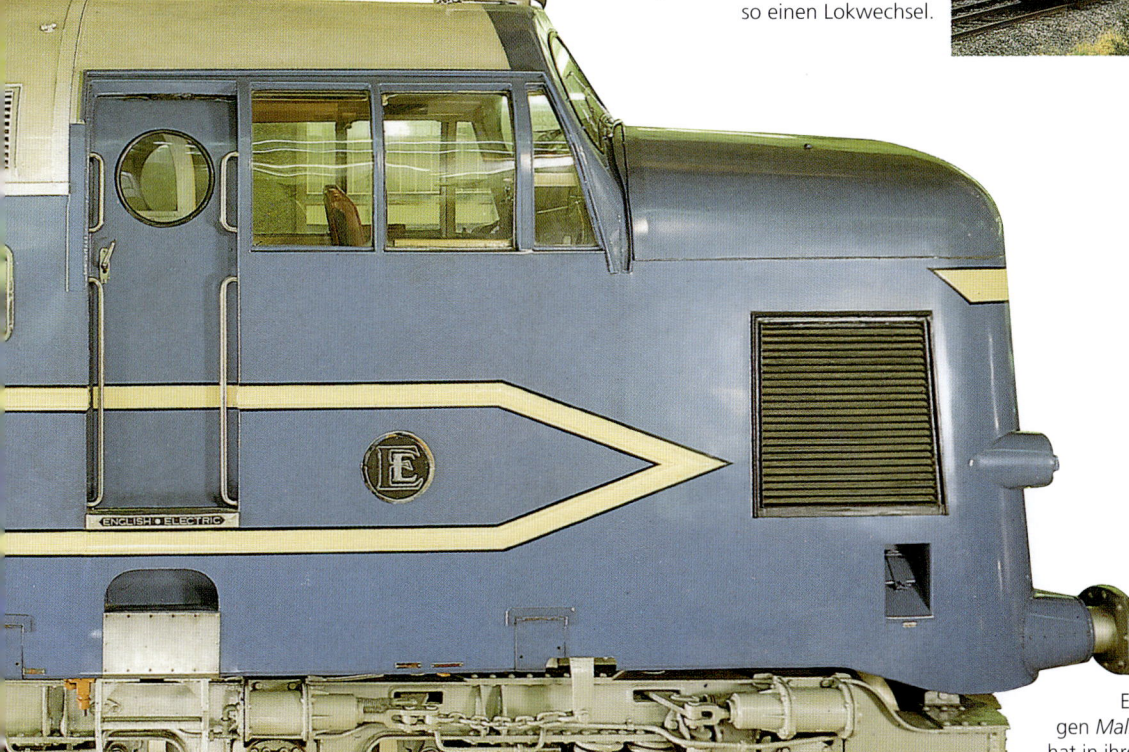

Fernzüge

Die Eisenbahn war das erste Verkehrsmittel, das ganze Kontinente erschloss. Die ersten Fernzüge waren langsam und wenig komfortabel, obwohl sie gegenüber früheren Reisemöglichkeiten – wenn es überhaupt welche gab – einen großen Fortschritt bedeuteten. Vor allem in den USA wurden Fernzüge bald besser ausgestattet, sie waren beheizt und hatten Schlaf- und Speisewagen. Geschäftsleute bevorzugen auf Fernstrecken heute das Flugzeug, doch bei Touristen gewinnen Fernzüge wieder an Beliebtheit, weil sie die Möglichkeit bieten, ohne Stress viel von einem Land zu sehen.

Vorhänge vor den Schlafwagenabteilen schützten die Privatsphäre.

TRANSSIBIRISCHE EISENBAHN
Täglich startet ein Fernzug von Moskau nach Wladiwostok. Vor ihm liegt mit 9300 km die längste Fernstrecke der Welt. Dafür braucht der Zug acht Tage.

AUSTRALISCHE LANGSTRECKE
Die erste australische Ost-West-Bahnverbindung, zwischen Sydney und Perth, besteht erst seit 1970. Der komfortable *Indian-Pacific*-Express bewältigt die 3961 km in drei Tagen und legt dabei die längste gerade Strecke der Welt (528 km) zurück.

Behälter für Tee und Kaffee

Kessel

Kochtopf

Paraffin-Kocher

BLUE TRAIN
Ein komfortabler Fernzug verkehrt seit 1903 zwischen Kapstadt und Pretoria in Südafrika. 1939 wurde der *Blue Train*, einer der luxuriösesten Züge der Welt auf dieser Strecke zum ersten Mal eingesetzt.

SELBSTVERPFLEGUNG
Als die Fernzüge schneller wurden, gab es weniger Halts, an denen man etwas zu sich nehmen konnte. So versorgten die Fahrgäste sich selbst, etwa mit solch einer transportablen Teeküche – auch dann noch, als es bereits Speisewagen gab.

Gurte verhinderten, dass der Benutzer des oberen Betts herunterfiel.

Ablage für Gepäck und Bettzeug

Hinter dem Spiegel befindet sich eine Wandnische für Wasserflasche und Gläser.

Mit einer Platte abgedeckt, wird aus dem Waschbecken ein kleiner Tisch.

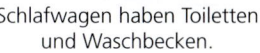

Schlafwagen haben Toiletten und Waschbecken.

Leiter zum oberen Bett

IM SCHLAF
In den USA konnte man schon in den 1960er-Jahren, in Europa ab den 1970er-Jahren über Nacht im Schlafwagen reisen. Der Zug mit diesem Wagons-Lits-Zweibettabteil von 1936 fuhr nachts von Paris über Brüssel nach London. Den Ärmelkanal überquerte er auf der Zugfähre. Tagsüber klappte man das obere Bett hoch, das untere wurde zur Sitzbank.

WAGONS-LITS
Die französische Wagons-Lits-Gesellschaft gibt es seit 1876. Sie bietet hohen Schlaf- und Speisewagenkomfort in ganz Europa.

ZUGFÄHRE
Ab 1936 verband die Zugfähre Dover-Dünkirchen England mit dem Kontinent. Seit 1995 fährt sie nicht mehr – heute wird sämtlicher Frachtverkehr über den Kanaltunnel geleitet. Es gibt nur noch wenige Passagierfähren.

SUPER CHIEF
Der *Super Chief* verkehrte zwischen Chicago und Los Angeles. Seine Feinschmeckerküche und seine Filmkundschaft aus Hollywood verschafften ihm den Ruf des „besten Fernzugs der USA".

Super-Chief-Fahrkarte (1938)

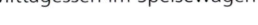

Mittagessen im Speisewagen

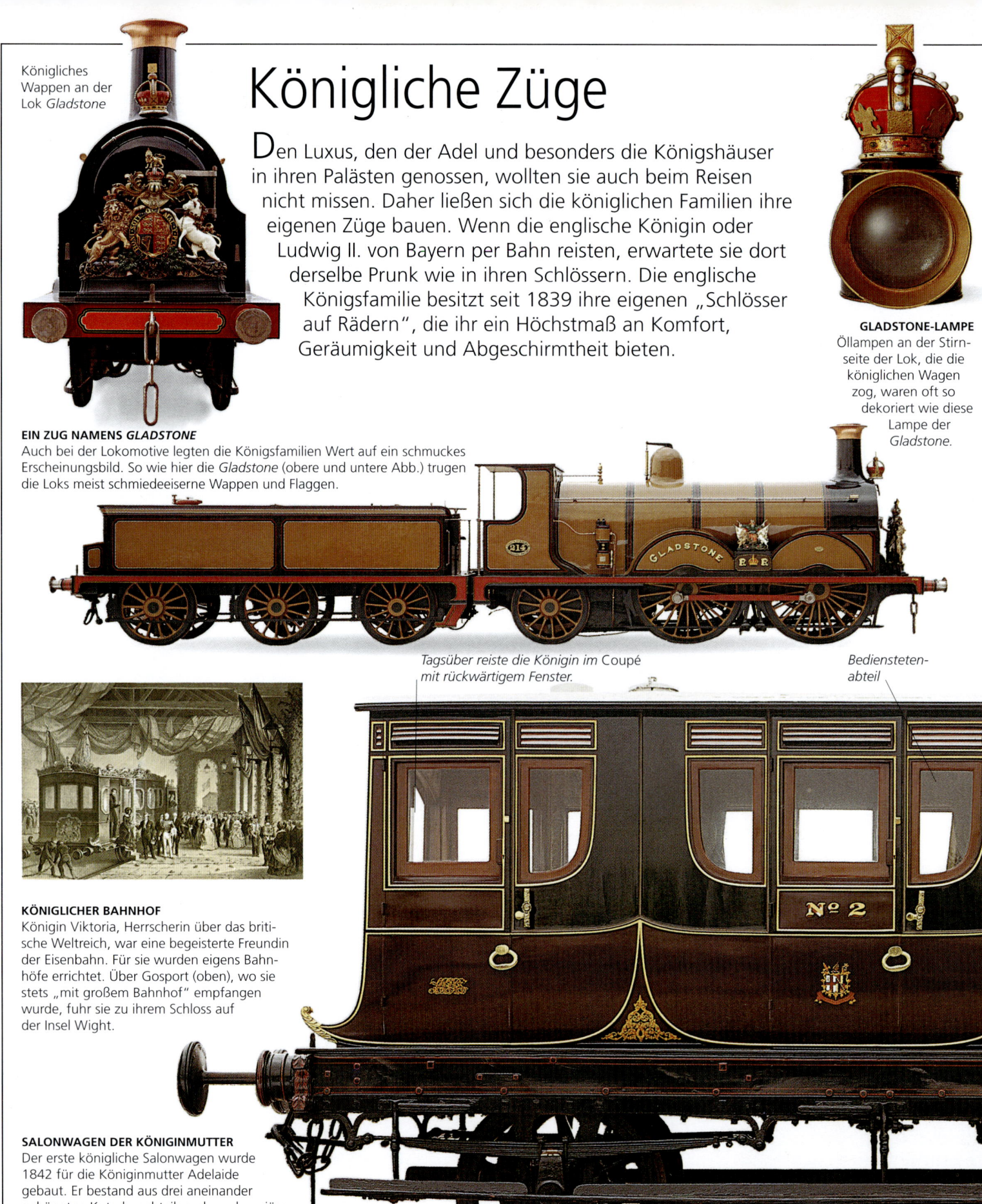

Königliches Wappen an der Lok *Gladstone*

Königliche Züge

Den Luxus, den der Adel und besonders die Königshäuser in ihren Palästen genossen, wollten sie auch beim Reisen nicht missen. Daher ließen sich die königlichen Familien ihre eigenen Züge bauen. Wenn die englische Königin oder Ludwig II. von Bayern per Bahn reisten, erwartete sie dort derselbe Prunk wie in ihren Schlössern. Die englische Königsfamilie besitzt seit 1839 ihre eigenen „Schlösser auf Rädern", die ihr ein Höchstmaß an Komfort, Geräumigkeit und Abgeschirmtheit bieten.

GLADSTONE-LAMPE
Öllampen an der Stirnseite der Lok, die die königlichen Wagen zog, waren oft so dekoriert wie diese Lampe der *Gladstone*.

EIN ZUG NAMENS *GLADSTONE*
Auch bei der Lokomotive legten die Königsfamilien Wert auf ein schmuckes Erscheinungsbild. So wie hier die *Gladstone* (obere und untere Abb.) trugen die Loks meist schmiedeeiserne Wappen und Flaggen.

Tagsüber reiste die Königin im Coupé *mit rückwärtigem Fenster.*

Bediensteten-abteil

KÖNIGLICHER BAHNHOF
Königin Viktoria, Herrscherin über das britische Weltreich, war eine begeisterte Freundin der Eisenbahn. Für sie wurden eigens Bahnhöfe errichtet. Über Gosport (oben), wo sie stets „mit großem Bahnhof" empfangen wurde, fuhr sie zu ihrem Schloss auf der Insel Wight.

SALONWAGEN DER KÖNIGINMUTTER
Der erste königliche Salonwagen wurde 1842 für die Königinmutter Adelaide gebaut. Er bestand aus drei aneinander gehängten Kutschenabteilen, deren luxuriöse Ausstattung innen und außen von allerhöchster Qualität war. Üblicherweise reiste die Mutter von Königin Viktoria tagsüber im *Coupé* am linken Wagenende, ihre engsten Bediensteten saßen im mittleren Abteil.

KÖNIGIN VIKTORIAS SALON *oben*
Bei der Ausstattung der königlichen Wagen wurde nicht gespart. Die Königin selbst wählte die Innenausstattung ihres Salons 1869 aus. Möbel und Wandtäfelung sind aus feinstem Feldahorn, die Bezüge aus blauer Moiréseide und die Decken sind mit weißer wattierter Seide bespannt. Ursprünglich wurde der Salon mit Öllampen beleuchtet, 1895 konnten elektrisches Licht und Klingeln für die Diener eingebaut werden. Die Öllampen aber blieben auf Wunsch der Königin weiter in Gebrauch.

Schlafabteil

FÜSSE IM KASTEN
Die Nacht verbrachte die Königinmutter in ihrem Schlafabteil am gegenüberliegenden Wagenende. Die Sitzpolster konnte man zu einem Bett umgruppieren. Die kutschkastenähnliche Erweiterung beherbergte die Füße ihrer Majestät.

„Kutsch"kasten

Zum Einsteigen: Längsgestänge und Tritt

Holzrahmenkonstruktion mit zwei Starrachsen

KÖNIGIN VIKTORIAS WASCHRAUM
Das kleine Toiletten- und Waschraumabteil war in feinstem Ahorn und in Seide gehalten.

KÖNIGLICHES RAUCHERABTEIL
Der Rauchsalon König Eduards VII. von 1902 ist mit elektrischen Ventilatoren, Heizgeräten und Zigarrenanzündern ausgestattet.

KÖNIGIN ALEXANDRAS SCHLAFABTEIL
Mit den Klingelknöpfen über dem Kopfende ihres Bettes konnte die Königin jeden Diener einzeln rufen.

KÖNIGIN MARYS SALON
Neben diesem Salon für die Reise bei Tag lagen Ankleideraum, Badezimmer und Schlafabteil.

Rekordzüge

Von Anfang an erregte die Eisenbahn die Gemüter, besonders wenn es um Geschwindigkeitsrekorde ging. Lange Zeit wetteiferten vor allem England und die USA darum, als erste die 100-Meilen-pro-Stunde-Marke (160,9 km/h) zu erreichen. Die Rekordgeschwindigkeiten, die 1893 in Amerika mit 181 km/h und 1904 in England mit 164 km/h erzielt werden konnten, wurden jedoch von der „Gegenseite" sofort angezweifelt. Der Wettstreit geht weiter: Jedes Land möchte gern den schnellsten Linienzug der Welt in Betrieb haben.

VOLLDAMPF
Der *Hiawatha*-Express wurde nach einer sagenhaften Indianergestalt benannt und fuhr 1935 als Erster mit einer Dauergeschwindigkeit von 161 km/h auf der 663 km langen Strecke von Chicago nach Minneapolis/St. Paul. Die *Hiawatha*-Loks halten den Streckenrekord für Dampflokomotiven im fahrplanmäßigen Betrieb: im Durchschnitt 130 km/h auf 127 km.

Hiawatha-Dampflok

DIE SCHNELLSTE
Am 3. Juli 1938 war die *Mallard* die schnellste Dampflokomotive der Welt. Auf der Messingplakette an der Kesselaußenwand wurde damit geworben.

Die *Mallard* ist eine stromlinienförmige Lokomotive vom Bautyp *Pacific* (S. 14). Sie wurde 1938 von der London North Eastern Railway im britischen Doncaster hergestellt.

DIE ZUKUNFT HAT BEGONNEN
Schnelle Züge und hohe Passagier-
zahlen kennzeichnen das japanische
Shinkansen-System, das 1964
mit der Verbindung Tokio-Osaka
(Tokaido-Linie) gestartet wurde.
Es gab den Anstoß für ähnliche
Entwicklungen in Europa.

Der erste *Shinkansen*-Linientriebzug verkehrte ab 1965
mit einer Durchschnittsgeschwindigkeit von 163 km/h
und einer Spitzengeschwindigkeit von 210 km/h.

INTERCITY-EXPRESS
Der deutsche Hochgeschwindigkeitszug Intercity-Express (ICE)
hielt während der Testphase mit 404 km/h
kurzzeitig den absoluten Weltrekord auf der Schiene. Seit 1991 fährt
er im Linienverkehr z. T. auf bestehenden begradigten Strecken, z. T.
auf neu angelegten Hochgeschwindigkeitsstrassen.

LOK NR. 999
Eine Eisenbahngesellschaft
im US-Bundesstaat New York
beanspruchte 1893 den
Geschwindigkeitsrekord für
ihre Dampflok Nr. 999, die
über 161 km/h schnell
gewesen sein soll. Dieser
Rekord wird heute inter-
national nicht mehr
anerkannt.

DER ALLERSCHNELLSTE
Den augenblicklichen Geschwindigkeitsrekord hält der Französische TGV
(*Train à Grande Vitesse*). Die erste
TGV-Linie (Paris-Lyon) wurde 1981
in Betrieb genommen. Im Gegen-
satz zum ICE fährt der TGV fast nur
auf eigenen Neubaustrecken. Seine
Durchschnittsgeschwindigkeit beträgt
320 km/h. 2007 erreichte er den der-
zeitigen Weltrekord von 574,8 km/h
auf der neuen Linie Paris-Straßburg.

DAMPFREKORD
Die Messstrecke hatte Gefälle, aber der
Weltrekord der *Mallard* steht immer noch:
Mit 203 km/h ist sie die schnellste Dampflokomotive aller Zeiten. Die von dem
britischen Ingenieur Nigel Cresley
konstruierte Lok zog einen Mess-
wagen und Spezialwaggons,
als sie am 3. Juli 1938 den
Rekord auf der Strecke
London-Edinburgh fuhr.

Auf dem Bahnhof

Die ersten Bahnhöfe bestanden aus hölzernen Wartehäuschen mit Fahrkartenschalter. Die Fahrgäste konnten dort ein- und aussteigen, eine Fahrkarte lösen und auf ihren Zug warten. Manch ländlicher Bahnhof bietet noch heute solch einen „Minimalservice". Die modernen Bahnhöfe großer Städte sehen völlig anders aus. Oft sind sie der größte Gebäudekomplex der Stadt, die Gleisanlagen bedecken ein riesiges Areal und in der Bahnhofsarchitektur sind alle Stilrichtungen von klassisch bis postmodern vertreten. Großstadtbahnhöfe bieten den Reisenden Umsteigemöglichkeiten im Fern- und Nahverkehr, Service, Information und Einkaufsmöglichkeiten.

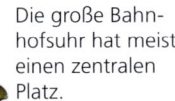

Die große Bahnhofsuhr hat meist einen zentralen Platz.

BAHNZEIT
Zur Eisenbahn gehört das Einhalten des Fahrplans. Bei Fahrten über einen ganzen Kontinent, z.B. in den USA, stellte sich das Problem der Zeitverschiebung. Es wurde schließlich durch die Einführung verschiedener Zeitzonen gelöst.

AUF DEM LAND
Bahnsteige auf dem Land sind oft sehr niedrig – oder gar nicht vorhanden. Die Reisenden müssen die Stufen der Waggons hochklettern. Transportfahrzeuge fahren zum Be- und Entladen rückwärts an die Güterwagen heran.

FRACHT ALLER ART
Die Eisenbahn kann jede erdenkliche Fracht transportieren. In diesem geschlossenen Güterwagen wurden Särge befördert.

GRAND CENTRAL STATION
In den Bahnhofshallen werden die Ankunfts- und Abfuhrzeiten der Züge auf großen Tafeln angezeigt. Die Grand Central Station in New York mit einer riesigen Gewölbehalle ist der größte Bahnhof der Welt.

Taschenuhr
(spätes 19. Jh.)

MIT DER UHR IN DER HAND
Damit die Züge pünktlich sind, muss
das Personal die genaue Uhrzeit kennen.
In den Bahnhöfen gibt es daher große
Uhren und früher hatte jeder Bahn-
angestellte zusätzlich noch eine
Taschenuhr bei sich.

WATERLOO STATION
Große Bahnhöfe wie Waterloo Station in London sind
so angelegt, dass sich in den Hauptverkehrszeiten
Tausende von Reisenden dort aufhalten können.

Einfache Metallpfeife

PFEIFEN-SIGNALE
Mit einfachen Holz- oder
Metallpfeifen gab das
Bahnhofspersonal Signale,
z. B. das Signal zur Weiter-
fahrt für den Lokführer.

*In die Pfeife
eingearbeitet:
Knopf einer
Eisenbahner-
uniform*

Japanische
Eisenbahn-
fahrkarten

BIS VOR DIE HAUSTÜR
Bis zum Zweiten Weltkrieg unterhielt die Eisenbahn in
vielen Ländern ein weitverzweigtes Transportnetz zu
dem auch ein Paketzustelldienst per Fahrrad gehörte.

WAHRZEICHEN
Die großen Bahnhöfe, wie der Gare de Lyon in Paris,
sind weithin sichtbare Wahrzeichen der Stadt. Ihre
besondere Lage im Stadtbild verdanken sie auch ihrer
Funktion als Verkehrsknotenpunkt.

**VORSICHT BEI DER
EINFAHRT DES
ZUGES!**
Die Handschelle,
die einfahrende
Züge ankündigte, ist
schon lange durch
Lautsprecheransagen
abgelöst worden.

*Initialen: London
Chatham und
Dover Railway*

1. Klasse-
Fahrkarte nach
Basra (Irak)

BAHNHOFSKINO
In dem englischen Spielfilm *Begegnung*
(1946) findet die schicksalhafte Begegnung
zwischen Trevor Howard und Celia Johnson
auf einem Bahnhof statt.

DIE FAHRKARTEN, BITTE!
Überall auf der Welt müssen
Reisende eine Fahrkarte lösen.
So kann kontrolliert werden,
ob sie bezahlt haben. Der Kon-
trolleur locht oder stempelt die
Karte und entwertet sie damit.

Bahnbetrieb

Auch wenn wir täglich mit der Bahn fahren, sehen wir nie alle Mitarbeiter, die für einen reibungslosen Bahnbetrieb sorgen. In den Eisenbahndirektionen werden die Entscheidungen über Bautyp, Personaleinsatz und Fahrplan der Personen- und Güterzüge getroffen. Die technischen Abteilungen kümmern sich um die Wartung des Fuhrparks und die Instandhaltung der Bahnhöfe und Gleisanlagen. Wie in anderen Großbetrieben gibt es aber natürlich auch bei der Bahn Fachleute für Finanz- und Personalwesen, Werbung und Öffentlichkeitsarbeit.

ÖL FÜR DIE RÄDER
Dampflokführer waren für den einwandfreien Zustand ihrer Lokomotive verantwortlich.

Britisches Gepäckträgerabzeichen

Abzeichen eines russischen Bahnarbeiters

Abzeichen eines chinesischen Bahnarbeiters

Stellwerksmeister · Heizer · Gepäckträgerin · Schaffner · Zugkellner · Zugkoch · Lokführer · Rangierer · Gepäckträger · Bahnhofsvorsteher · Bahnwärter

VIELE GESICHTER
Der Bahnbetrieb funktioniert nur mit einer großen Anzahl von Mitarbeitern reibungslos. Daher gehört in vielen Ländern die Bahn zu den größten Arbeitgebern.

In Großbritannien gibt es heute keine Bahnhofsvorsteher mehr, sondern Bezirksleiter in den sechs Regionen der British Railway.

Feuerwehrhelm der Great Western Railway

EIGENE FEUERWEHR
Manche Eisenbahngesellschaften haben eine eigene Feuerwehr mit Spezialgeräten und eigenen Uniformen.

HILFREICHE GEISTER
Früher gehörten die großen Bahnhofshotels den Eisenbahngesellschaften. Gepäckträger und Pagen waren den ankommenden und abreisenden Gästen behilflich.

DER BAHNHOFSVORSTEHER
War verantwortlich für die gesamte Bahnstation, v. a. für die pünktliche Abfahrt der Züge.

Wenn das Horn ertönte, räumten die Gleisarbeiter die Strecke, bis der Zug vorbeigefahren war.

Das Horn warnte mit einem unverwechselbaren Signalton.

Messinghorn des Wachpostens

Der Wachposten warnt den Gleisbautrupp mit dem Signalhorn vor einem herannahenden Zug.

Der Schlauch wurde an den Wassertank des Speisewagens angeschlossen.

GLEISBAU
Gleislegung und Gleiserneuerung sind sehr aufwendige und zuweilen auch gefährliche Arbeiten. Zu jedem Gleisbautrupp gehört ein Wachposten, der eine sehr verantwortungsvolle Aufgabe hat: Seine Kollegen warnen, wenn ein Zug kommt.

UNERSETZLICH
Auch die modernen automatischen Block- und Leitsysteme müssen auf ihre Zuverlässigkeit überprüft werden. Sollte doch einmal ein Defekt auftreten, schaltet das Signal sicherheitshalber automatisch auf Rot.

NACHFÜLLAKTION
Auch während des kurzen Halts von Schnellzügen müssen Lebensmittel- und Wasser- vorräte für den Speisewagen aufgefüllt werden. Mit solchen Trinkwasserwagen wurden die Behälter im Zug nachgefüllt. WC-Tanks füllte man über Schläuche mit Brauchwasser.

Kurbel für die Wasserpumpe

SPEZIELLE FORM
Mit diesem Kännchen füllte man die Öllampen nach. Der breite Boden gab der Kanne Stand- festigkeit.

Ölkanne (um 1890)

Zahlreiche Dochtenden

WARNLAMPE
Solche Warn- lampen waren in Gebrauch, bevor es Batterie- lampen gab. Der Docht war mit dem Öl aus der Kanne getränkt und gab mit seinen vielen Enden ein helles Licht. Damit konnte man vor Gefahren war- nen und Dampfloks überprüfen.

Ölwarnlampe (um 1900)

Der Wasserwagen wurde über den Bahnsteig geschoben.

Dampfveteranen

Vor allem in Asien werden noch immer Dampflokomotiven im Linienverkehr eingesetzt. Fast überall sonst auf der Welt aber sind die Tage der Dampflok gezählt. Elektro- und Dieselloks gehören zum Alltag, weil sie sauberer und leistungsfähiger sind. Die alte Begeisterung für Dampfloks hat jedoch viele vor dem Schrottplatz bewahrt.

Hunderte von ihnen sind von Eisenbahn-Fanclubs aufgekauft worden und werden von ihnen instandgehalten. Sie dampfen zum Teil als Museumsbahnen auf besonderen Gleisen oder auf malerischen Nebenstrecken des öffentlichen Schienennetzes und ziehen restaurierte Waggons mit Touristen oder Eisenbahnliebhabern. Manchmal leihen auch Museen ihre betriebsfähigen Maschinen für solche Fahrten aus.

ALLE SPURWEITEN
Bis vor Kurzem dampften in Indien noch Dampfloks über die Gleise. Loks für besonders schmale Schmalspurbahnen wurden aus Frankreich, Deutschland und Japan importiert.

TOURISTENATTRAKTION
Dampfeisenbahnen sind bei uns Touristenattraktionen. Manche – wie die Llanberis Lake Railway in Wales (oben) – sind Nachbauten alter Modelle und fahren auf Gleisen, die alten nachgebaut wurden. Andere Dampfveteranen fahren auf sonst nicht mehr benutzten Strecken.

EVENING STAR
Die *Evening Star* wurde 1960 als letzte Dampflok für die britische Eisenbahn gebaut. Sie war als Güterlok vorgesehen, zog aber auch Personenzüge und sogar Schnellzüge. Sie steht im Britischen Eisenbahnmuseum in York.

ERHALTUNG

In den USA wurden die Dampflokomotiven sehr schnell durch Elektro- und Dieselloks ersetzt. Aber immer mehr Dampfloks werden restauriert. Eisenbahnfreunde können sogar mit ihnen auf den großen Interkontinentalstrecken fahren. Viele Museen oder Eisenbahnvereine zeigen ihre gut erhaltenen Ausstellungsstücke.

Bis Ende der 1980er-Jahre wurden in China Dampfloks gebaut.

Restaurierte Lok der Fort Worth & Western Railroad

LANGLEBIG

In China ist die Eisenbahn das wichtigste Personen- und Gütertransportmittel. Anfang 1990 gab es etwa 7000 Dampfloks, gegenüber 4700 Diesel- und 1200 Elektroloks. Heute fahren Dampfloks nur noch auf Güterlinien.

NEU BELEBT

Ende der 1970er-Jahre wurde in Simbabwe eine Reihe alter britischer Beyer-Garratt-Lokomotiven wieder in Betrieb genommen. Der Grund: Simbabwe hat reiche Kohlevorkommen und wollte nicht von teuren Öleinfuhren für Dieselloks abhängig sein. Dampflokfreunde aus aller Welt strömten nun in das afrikanische Land, um die letzten Exemplare der schwersten Schmalspurlok aller Zeiten bewundern und fotografieren zu können.

DAMPFVETERANEN

Viele Dampfveteranen wie diese 80 Jahre alte Tenderlokomotive (S. 57) sind in Indien und Pakistan noch im täglichen Einsatz. Spezielle Museumsbahnen gibt es in diesen beiden Ländern kaum.

Stolze Wappen

Die Eisenbahn ist eine Errungenschaft des 19. Jahrhunderts, in dem man großen Wert auf dekorative Kunst legte. Kein Wunder also, dass auch die Bahn schmucke Zeichen liebte. Sie wiesen auf die verschiedenen Dienste der Bahn hin und machten das Publikum überhaupt erst vertraut mit dem neuen Verkehrsmittel. Als Zeichen waren Wappen oder die Initialen der Gesellschaften gebräuchlich. Der bald einsetzende Wettbewerb zwischen den Eisenbahngesellschaften führte dazu, dass sie ihre Zeichen auf allem anbrachten, was der Gesellschaft gehörte. Riesige gusseiserne Wappenschilder hingen an Brückengeländern und sogar die Köpfe von Kupfernägeln trugen die Initialen der Gesellschaften.

DRACHENWAPPEN
Das Wappen der Midland-Railway-Gesellschaft zeigt einen Drachen und darunter die Wappen der größeren Städte im Streckennetz.

VORNAME
Auf dem Schild auf oder über der Rauchkammertür stand der Name des Zugs. Er war meist von der Strecke abgeleitet, auf der der Zug verkehrte.

TGV-NAMENSSCHILD
Viele französische TGV- und deutsche ICE-Züge (S. 47) sind nach Städten benannt.

SONDERZÜGE
Sonderzüge erhielten Abzeichen, die eigens für den Sondereinsatz geschaffen wurden.

LÖWENMÄHNE
Dieser Löwe zierte in den 1950er-Jahren die Lokomotiven der britischen Eisenbahn.

US-Hersteller-abzeichen

Southern-Railway-Namensschild

FAHRZEUGNUMMER
Die meisten Lokomotiven haben ein Schild, auf dem Fahrzeugnummer, Baujahr, Name und Sitz des Herstellers angegeben sind. Auf diesem US-Schild steht sogar der Name des Direktors der Herstellerfirma.

GROSSE NAMEN
Viele Lokomotiven trugen Namen aus der klassischen Antike oder von berühmten Personen. Manchmal war es auch der Name des Direktors der Gesellschaft oder einer Stadt, die an der Strecke lag.

MESSINGSCHILD
Dieses Messingschild erinnert daran, dass Neuseeland zum Commonwealth of Nations gehört.

Namensschild der London North Eastern Railway

RITTER VOM GOLDENEN VLIES
Eine Schnellzuglok der Great Western Railway trug diesen Namen.

Krone als Zeichen der einzigen kanadischen Gesellschaft mit königlicher Lizenz

Das Schild auf der Rauchkammertür benennt die Strecke.

GOLDKÜSTE
Das Wappen der Gold Cost Railway mit dem Bild eines Elefanten. Die Goldküste ist der heutige Staat Ghana.

NUMMERN-SCHILD
Dieses Messingschild gehörte zu einer Lok der Canadian Dominion Atlantic Railway.

WER FÄHRT WOHIN?
Loknummer und Name standen vorn auf der Lok, das Wappen der Eisenbahngesellschaft zierte Lok und Waggons.

STÄDTEWERBUNG
Immer noch werden Lokomotiven nach den Städten benannt, die auf ihrer Route liegen. Dieses Namensschild gehört zu einer Lok der London Midland und Scottish Railway.

Schottische Flagge

Englische Flagge

KALEDONIEN (NORD-SCHOTTLAND)
Das Schild vereinigt die englische und die schottische Flagge.

WAPPENTIER
Die westaustralische Staatsbahn führte von 1890–1976 einen schwarzen Schwan im Wappen.

Untergrundbahnen

Das rasante Wachstum der großen Städte, zu dem die Bahn beigetragen hatte, führte bald zu verstopften Straßen. Einen Ausweg sah man in der Untergrundbahn. 1863 wurde in London die erste U-Bahn-Linie der Welt eröffnet. Dafür legte man dem Straßenverlauf folgende Gräben an, die dann so geschlossen wurden, dass ein Tunnel entstand. Die Züge wurden von Dampfloks gezogen, die die Tunnel mit Qualm, Ruß und Gestank füllten. Aber man kam doch schneller und bequemer voran als mit oberirdischen Verkehrsmitteln. Die Möglichkeit, tiefere Tunnel zu graben, der Umstieg auf Elektroloks sowie die Anlage von Aufzügen und Rolltreppen verschafften der U-Bahn bald große Attraktivität. Zur Londoner „Röhre" *(tube)* gesellten sich Ende des 19. Jahrhunderts schnell wachsende U-Bahn-Netze überall auf der Welt. Auch heute sind sie beliebt in Großstädten und werden immer weiter ausgebaut.

FAHRERLOSE ZÜGE
Supermoderne U-Bahnen wie die in Washington (USA) arbeiten vollautomatisch. Voraussetzung dafür ist ein gleichbleibender Verkehrsfluss, der nicht durch langsame Güterzüge oder schnelle Fernzüge gestört wird. Ein elektronisches Kontrollsystem steuert die gesamte Washingtoner U-Bahn – ohne Fahrer in den Zügen.

ÖLHANDLAMPE
Solche Handlampen wurden lange Zeit bei Arbeiten und Kontrollgängen im Tunnel benutzt.

WUNSCHBILD
Nicht der Wahrheit entsprachen manche Darstellungen der U-Bahn-Landschaft zur Zeit des Dampfbetriebs: geräumige, saubere, in zartes Tageslicht gehüllte Tunnel. Stattdessen waren Schmutz, Lärm und Gestank typisch für die U-Bahn.

LUXURIÖSE GEWÖLBE
Die Moskauer U-Bahn nahm 1933 den Betrieb auf. Ihre Bahnhöfe sind berühmt für ihren Prunkstil.

Wassertank

Platz des Lokführers

METROPOLITAN
23
RAILWAY.

Schutzstange entfernt kleine Gegenstände vom Gleis.

PLATZANGEBOT
Möglichst viele Fahrgäste sollen in einen U-Bahn-Wagen passen. Deshalb öffnen sich die automatischen Türen zur Seite.

UNIFORMABZEICHEN
Bedienstete der U-Bahn tragen auffällige Abzeichen an ihrer Uniform.

Abzeichen der U-Bahn-Mitarbeiter mit Greif-Wappentieren (Anfang der 1930er-Jahre)

DIE METRO IN PARIS
Die Metro bewältigt seit 1900 mit einem dichten Stationsnetz einen Großteil des Personenverkehrs der französischen Metropole. Überall in der Stadt ist die nächste Metrostation leicht zu Fuß zu erreichen.

DER STRECKENPLAN
Die Streckenpläne vieler U-Bahn-Systeme wie das der Pariser Metro, orientieren sich an Straßen und Plätzen. Auch der ältere Londoner U-Bahn-Plan (rechts) folgt in etwa der Geografie der Stadt. Heute wird der Streckenverlauf oft ganz abstrakt dargestellt.

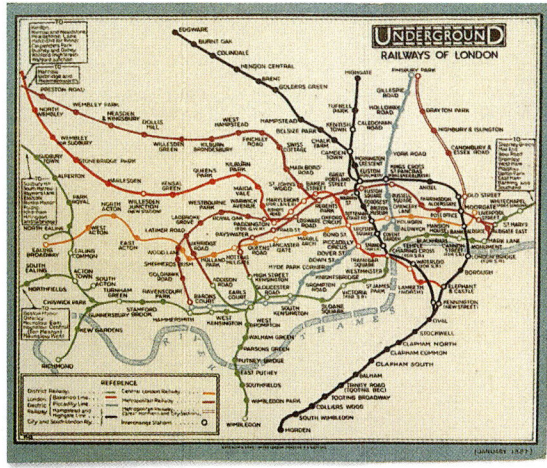

Schornstein

Durch dieses Rohr wird das Dampf- und Rauchgemisch in Wassertanks geleitet.

ABSTRAKT
Die 1927 eröffnete U-Bahn in Tokio ist heute eines der größten Nahverkehrssysteme der Welt. Auf den Fahrkarten ist der Streckenplan abgebildet.

Schild mit Angabe des Zielbahnhofs

KONDENSATIONSLOKOMOTIVE
Mit dieser, seit 1866 in London eingesetzten klassischen U-Bahn-Tenderlok wurde die Dampf- und Rauchbelästigung vermindert. Beim Durchfahren der Tunnelröhren wurde der Abdampf der Zylinder in seitlich neben dem Kessel angebrachte Wasserkästen geleitet und schlug sich dort nieder. Leider machte diese Technik die Loks langsamer. In den Hauptverkehrszeiten benutzten die Fahrer den Kondensationsmechanismus deshalb nicht immer, um im Fahrplan bleiben zu können. Dann war wieder dicke Luft in den Tunneln.

Wenn die Bahn in die Luft geht

Eisenbahnen fahren nicht nur auf und unter (S. 56–57), sondern auch über der Erde, nämlich auf „Stelzenbauten". Diese Art von Eisenbahn gibt es überall auf der Welt in drei verschiedenen Typen: Da sind einmal die zweispurigen Hochbahnstrecken der S- und U-Bahn, wie man sie in Berlin und Paris antrifft. Zweitens gibt es einspurige und eingleisige Bahnen mit obenauf („im Sattel") sitzenden Triebwagen und Waggons. Der dritte Typ sind Hochbahnen, deren Züge unter dem Führungsgleis hängen. Solche Schwebebahnen haben Räder, die auf dem Gleis darüber laufen und der Bahn sicheren Halt bieten. Sicher gehalten werden auch die eingleisigen Hochbahnen im „Sattel"-System durch seitlich an der Schiene laufende Stützbacken. Schon Ende des 19. Jahrhunderts begann man in europäischen und amerikanischen Großstädten, Hochbahnen zu bauen, weil sie billiger als Untergrundbahnen sind und wie diese den Straßenverkehr entlasten. Zusätzlich genießen die Fahrgäste eine gute Aussicht auf die Stadt. Da heute alle Hochbahnen elektrisch betrieben werden, belasten sie auch die Großstadtluft nicht mit Abgasen. Allerdings werden die Hochbahnbauten mit ihren riesigen Strebepfeilern oft als hässlich empfunden und manche Kritiker bemängeln, dass Hochbahnen lauter sind als andere Schienenfahrzeuge.

DIE NEW YORKER HOCHBAHN
Als gegen Ende des 19. Jh. die Verkehrsprobleme in den Großstädten wuchsen, entschied man sich mancherorts für Hochbahnen als billigere Alternative zur U-Bahn. Die New Yorker Hocheisenbahn wurde um 1880 gebaut.

Zweite Spur für die Kabine aus der Gegenrichtung

DIE MONTMARTRE-SEILBAHN
Als Bergbahnen werden für steile, gerade Strecken Seilbahnen bevorzugt. Über ein umlaufendes Seil wird für jede bergwärts gezogene Kabine eine talwärts heruntergelassen. Auf der Bergstation wird heute üblicherweise das Seil elektrisch angetrieben. Auf einspurigen Gebirgsstrecken befindet sich in der Mitte eine zweispurige Ausweichstelle. Die sehr kurze Seilbahnstrecke am Pariser Montmartre-Hügel ist durchweg zweispurig. Sie versieht seit 1900 ihren Dienst. Anlage und Kabinen werden immer dem neuesten Stand der Technik angepasst.

STÖRT NICHT
Ihre Kompaktheit und Flexibilität machen eingleisige Schwebebahnen vielfältig verwendbar. Wie diese im Britischen Motorenmuseum in Beaulieu werden sie vorzugsweise auf Ausstellungs- und Parkgeländen eingesetzt. Während die Fahrgäste in der Bahn den Rundumblick genießen, ist auf den Wegen darunter noch genügend Platz für die vielen übrigen Besucher.

AUS SICHERER ENTFERNUNG
Eingleisige Schwebebahnen sind immer eine Attraktion. Diese fährt die Besucher eines holländischen Zoos durch die Freigehege. Aus sicherer Entfernung können die Besucher die Tiere beobachten und fotografieren.

PROPELLERSCHWEBEBAHN

Diese hängende Schwebebahn wurde in den 1920er-Jahren von George Bennie entwickelt und bei Glasgow getestet. Das Gefährt wurde von einem Flugzeugpropeller angetrieben, der von einem Diesel- oder einem Elektromotor auf Touren gebracht werden konnte. Trotz der vielen Vorteile kam das Projekt über das Teststadium nicht hinaus.

DIE BAHN ÜBER DEM FLUSS
Die erste Einschienen-Schwebebahn im städtischen Verkehrsbetrieb wurde im Jahr 1900 in Wuppertal eröffnet. Sie befördert heute noch jährlich 18 Mio. Fahrgäste auf der 13 km langen Strecke, die aus Platzgründen zum größten Teil über der Wupper verläuft.

Schwebebahnen fahren nur auf einer Schiene.

Stromleitung

Seitensteg der Schiene

EINSCHIENENBAHN

Die meisten modernen Einschienenbahnen, etwa dieses Ausstellungsstück von der Expo '90 in Brisbane (Australien), „sitzen" oben auf der Schiene. Balance und Spurführung werden von den Rädern in den unteren Seitenwänden bewirkt. Der Antriebsstrom wird von den Stromleitungen an den Seitenstegen der Schiene abgenommen. Eine hochmoderne Einschienenbahn verkehrt bereits ständig auf einer Strecke von 13 km zwischen der japanischen Hauptstadt Tokio und dem Flughafen Haneda.

Tragpfeiler

Spielzeuge und Sammlerstücke

Als sich die Eisenbahn zum wichtigsten Verkehrsmittel entwickelte, entdeckte man sie auch bald als Spielzeug. Die Bandbreite reicht vom einfachen Spielzeugzug, den die Kinder auf dem Boden schieben, bis zu ausgefeilten maßstabgetreuen Modelleisenbahnen. Die ersten Spielzeugzüge bestanden aus Bleigussteilen. Dann kamen die Züge aus Holz mit drehbaren Rädern. Schon Ende des 19. Jahrhunderts fuhren die ersten Modelleisenbahnen aus Blech auf eigenen Schienen. Zuerst wurden die Loks noch mit einer aufziehbaren Triebfeder, später dann über einen Stromtransformator elektrisch angetrieben. Die Modelle wurden immer wirklichkeitsgetreuer und die Spielzeugeisenbahn entwickelte sich vom Kinderspielzeug zum begehrten Sammel- und Tauschobjekt der Erwachsenen. Ob einfacher Holzzug oder raffinierte Modelleisenbahn, die Faszination dieser Spielzeuge ist bis heute ungebrochen.

Bremswaggon   Milchwaggon

Die Bilder werden ausgeschnitten und zu Modellen zusammengeklebt.

MODELLBOGEN
Mit Modellen zum Ausschneiden und Zusammenkleben lässt sich auch eine Sammlung zusammenstellen. Der Vorteil: Sie sind sehr billig. Oft werden sie anderen Waren als Werbung beigelegt.

MINIS FÜR GROSS UND KLEIN
Eine Fahrt auf einer Miniatureisenbahn ist ein Vergnügen für Kinder und Erwachsene – besonders wenn sie von einer dampfenden und rauchenden Dampflok gezogen wird.

GRAND-JUNCTION-RAILWAY-LOKOMOTIVE
Dieses technisch perfekt funktionierende Modell hat eine Güterlok von 1846 zum Vorbild. Ein ausgefeiltes Modell dieser Art weist alle Details des Originals auf, z. B. Öllampen, Hebel und Signalpfeifen.

DAS IDEALE GESCHENK
Eine Eisenbahn ist ein ideales Geschenk für Kinder jedes Alters, weil man eine Grundausstattung allmählich zu einer großen Anlage erweitern und diese ständig ergänzen kann.

Güterzugmodell aus den 1930er-Jahren

BLECHMODELLE
Die englischen Weiß-blechmodelle mit Trieb-federantrieb waren sehr robust. Sie wurden im Paket verkauft – mit Zug, Gleisen, Weichen, Signalen, Bahnhof und Tunnel.

Tankwagen   Zementwagen

PRÄZISIONSMODELL
Viele Modelle sind Nachbildungen berühmter Lokomotiven. So auch dieses Güter-lokmodell einer Union-Pacific-Lokomotive aus den 1940er-Jahren, das in großer Stückzahl hergestellt wurde. Es war noch überwiegend aus Metall, während man heute detailgetreuere und billigere Modelle aus Kunststoff fertigt.

BRETTSPIEL
Die Eisenbahn hat vielen Bereichen des täglichen Lebens ihren Stempel aufgedrückt. Sogar Gesellschaftsspiele wie dieses französische Brett-spiel aus den 1870er-Jahren drehen sich um die Eisenbahn.

EISENBAHN-PUZZLE
Viele Puzzles zeigen gemalte oder fotografierte Eisenbahn-szenen. Auf diesem Puzzle ist die „Tenderlokomotive Thomas" abgebildet, die Hauptfigur einer englischen Eisenbahnbuch-reihe für Kinder aus den 1940er-Jahren, die später auch durch eine TV-Serie und DVDs bekannt wurde.

WIE ECHT
Solche detailgetreuen Modelle werden meist von geschickten Bastlern gebaut. Die Schnellzug-Dampf-lokomotive *Lady of Lynn* fuhr ab 1908 für die britische Great Western Railway.

Die Zukunft der Bahn

Für neuartige Züge und Schienen werden neue Materialien und umweltfreundlichere Energiequellen genutzt. In Großstädten gelten Bahnen als Hauptverkehrsmittel, mit denen sich die gewünschte Abkehr vom Individualverkehr mit Autos vollziehen lässt, um Verkehrsstaus und Treibstoffemissionen zu reduzieren. Dies führte zum Bau vieler neuer Hochgeschwindigkeitszüge. Neue wie existierende Bahnen sorgen für einen raschen, komfortablen Überlandverkehr und helfen im Kampf gegen CO_2-Emissionen und die globale Erwärmung. Schnelle Elektrozüge sind längst Standard in Industrienationen und Länder wie China und Indien holen hier rasch auf. In manchen Ländern ermöglichen Hochgeschwindigkeitszüge mit Neigetechnik auf konventionellen Gleisen höhere Geschwindigkeiten und mehr Komfort für die Fahrgäste und ersparen die Zusatzkosten für den Bau neuer Strecken. Frachtzüge boomen erneut und in vielen Teilen der Welt werden neue Strecken für den Güterverkehr gebaut, was auch der Umwelt zugutekommt.

Der Transrapid Shanghai am Internationalen Flughafen Pudong

MAGNETSCHWEBEBAHN
Diese Bahnen werden von Magnetfeldern bewegt. Statt auf Rädern und Gleisen zu fahren, schweben sie, angetrieben von Magneten, 15 mm über einer Schiene. Dies hat viele Vorteile: Es gibt keine beweglichen Verschleißteile, eine Wartung ist nicht erforderlich und es entsteht kaum Lärm. Der Transrapid Shanghai beschleunigt in 2 min auf 350 km/h und erreicht eine Höchstgeschwindigkeit von 431 km/h.

OHNE FAHRER
Moderne Elektrobahnen, wie die Docklands Light Railway in London, bieten sich in staugeplagten Innenstädten als bequemes und häufig verkehrendes Verkehrsmittel an. Sie fahren mit Strom (den sie von einem abgedeckten dritten Gleis abnehmen), aber ohne Fahrer: Alle Züge werden von einem Kontrollzentrum aus elektronisch gesteuert.

Die Docklands Light Railway fährt auf einer erhöhten Trasse.

Güterzüge transportieren alles – Autos, Treibstoffe oder Schafe.

FEHLSCHLAG
Gasturbinenmotoren fanden bei Eisenbahningenieuren großen Anklang. Die Schweizer Bundesbahnen nahmen 1941 die erste Gasturbinenlok in Betrieb. Die Abbildung zeigt eine kanadische Lok, die sich jedoch wie viele andere dieses Typs als nicht zuverlässig erwies und Mitte der 1980er-Jahre wieder aus dem Verkehr gezogen wurde.

IN DER KURVE GERADE
Die italienische Eisenbahn hat diesen Hochgeschwindigkeitszug entwickelt, der auf normalen Strecken mit bis zu 250 km/h fährt. Bei diesen Geschwindigkeiten ist die Fliehkraft in den Kurven eine unangenehme Begleiterscheinung. Die Lösung: Die gleisbogenabhängige Wagenkastensteuerung vermindert die störende Seitenbeschleunigung und sorgt dadurch für Fahrkomfort.

EUROSTAR
Als der Kanaltunnel 1994 eröffnet wurde, starteten die Züge in London Waterloo. Seit 2007 fährt der Eurostar von London St. Pancras International in 2 h 15 min nach Paris und in weniger als 2 h nach Brüssel. Die Triebköpfe der Züge sind so ausgerüstet, dass sie automatisch auf die unterschiedliche Netzspannung der jeweiligen Länder umschalten. Man plant, die Dienstleistungen auszuweiten.

Eurostar-Personenzug in St. Pancras International

Der E200 fuhr erstmals im Juli 2007.

Er enthält eine Bank von Lithium-Ionen-Batterien, die bei jeder Bremsung aufgeladen werden.

GRÜNE ZÜGE
In diesem in Japan fahrenden E200 wird im Passagierabteil auf einem Flachbildschirm angezeigt, wie viel Energie während der Fahrt jeweils verbraucht wird. Der umweltfreundlich konstruierte Zug fährt mit Hybridenergie – einem Motor und Batterien, die bei jeder Bremsung aufgeladen werden („regeneratives Bremsen"). Das reduziert Geräusche und Emissionen um bis zu 60 %. Der Motor kann mit Wasserstoff, Biotreibstoff oder fossilen Treibstoffen betrieben werden.

Zwei Frachtcontainer übereinander

DOPPELDECKER
Dieser doppelstöckige Containerzug befördert Fracht auf der BNSF Railway über den Cajon-Pass in Kalifornien. Doppelstöckige Containerzüge transportieren viel mehr Güter als konventionelle Züge. Sie tragen zu einer Ersparnis bei den Treibstoffkosten bei und erübrigen den Bau zusätzlicher Gleise. Die Bahn spielt im weltweiten Gütervertriebsnetz eine Schlüsselrolle.

Berühmte Zugfahrten

Auf dem über 1,3 Millionen Kilometer langen weltweiten Schienennetz legen Reisende alljährlich über 2,2 Milliarden Kilometer in den Zügen der Welt zurück. Spektakuläre Landschaften erlebt man in Langstreckenzügen wie dem *Canadian*, den Rausch der Geschwindigkeit genießt man in den japanischen *Shinkansen* und mit schierem Luxus verwöhnen einen der europäische Orientexpress und der *Blue Train* in Afrika. Extreme Abenteuer bieten die steilste Eisenbahnfahrt der Welt auf die Teufelsnase in Ecuador oder eine Fahrt im einzigen Personenwagen des Eisenerz-Wüstenzugs in Mauretanien, mit bis zu 2,5 Kilometern Länge einer der größten Züge der Welt.

● **THE CANADIAN (KANADA)**
Auf seiner Fahrt durch die atemberaubende Wildnis der Rocky Mountains, die weiten Prärien und die Seenlandschaft von Ontario befördert der *Canadian* seine Fahrgäste über 4466 km von Vancouver an der Pazifikküste bis nach Toronto im Osten.

● **CALIFORNIA ZEPHYR (USA)**
Die 3924 km lange Fahrt des *California Zephyr* von San Francisco nach Chicago folgt der Route der ersten transkontinentalen Eisenbahnstrecke der USA. Sie bietet spektakuläre Ausblicke auf die Berge der Sierra Nevada und den oberen Coloradofluss.

Oslo–Bergen (Norwegen)

Road to the Isles: Fort William–Mallaig (Schottland)

NORDAMERIKA

The Canadian

California Zephyr

Orient-Express: London–Istanbul (Transeuropa)

Glacier-Express

Coast Starlight: Los Angeles–Seattle (USA)

Durango and Silverton Railway (USA)

El Chepe (Mexiko)

Havanna–Santiago (Kuba)

El Transcantábrico: Santiago de Compostela–León (Spanien)

Eisenerzbahn: Nouadhibou–M'Haoudat (Mauretanien)

Dakar–Bamako (Senegal/Mali)

Panama Canal Railway: Colón–Panama City (Panama)

SÜDAMERIKA

Teufelsnase: Riobamba–Sibambe (Ecuador)

Lima–Huancayo (Peru)

Cusco–Machu Picchu

Oruro–Tupiza (Bolivien)

Belo Horizonte–Vitoria (Brasilien)

Curitiba–Paranaguá (Brasilien)

● **EL CHEPE (MEXIKO)**
Diese 653 km lange Strecke von Los Mochis nahe der Pazifikküste verläuft durch die Sierra Madre und über die zentralen Hochebenen bis nach Chihuahua. Sie durchquert u. a. die spektakuläre Kupferschlucht.

● **VON CUSCO NACH MACHU PICCHU (PERU)**
Diese spektakuläre Fahrt zu den alten Inkaruinen von Machu Picchu verläuft über 112 km durch das Valle Sagrado und die Vorberge der Anden. Vor der Ankunft in Machu Picchu fährt der Zug den Urubamba entlang und bietet Ausblicke in den Canyon des Flusses.

● GLACIER-EXPRESS (SCHWEIZ)
Dieser als langsamster Schnellzug der Welt berühmte Zug bewältigt auf der 291 km langen Strecke von Zermatt nach St. Moritz 291 Brücken und 91 Tunnel. An den steilsten Streckenabschnitten fährt die Schmalspurbahn über Zahnstangen.

● TRANSSIBIRISCHE EISENBAHN (RUSSLAND)
Während der längsten Eisenbahnfahrt der Welt werden auf der 9288 km langen Strecke sieben Zeitzonen durchquert. Diese epische Reise verläuft von Moskau im Westen durch Sibirien bis nach Wladiwostok im Osten am Japanischen Meer.

● QINGZANG-BAHN (CHINA)
Diese 1956 km lange Strecke von Lhasa in Tibet bis Xining in der Provinz Qinghai enthält den höchsten Streckenabschnitt der Welt über den Tanggula-Pass in 5072 m Höhe. Für diese Höhen enthalten die Waggons für jeden Fahrgast eine Sauerstoffmaske.

Transsibirische Eisenbahn

UROPA

ASIEN

Qinzang-Bahn

Kairo–Assuan (Ägypten)

AFRIKA

Deccan Queen: Mumbai–Pune (Indien)

Nairobi–Mombasa (Kenia)

Bangkok–Singapur (Südostasien)

Blue Train

Indian Pacific: Perth–Sydney (Australien)

Tokaido-Shinkansen: Osaka–Tokio

Darjeeling Himalayan Railway: New Jalpaiguri–Darjeeling (Indien)

Jakarta–Surabaya (Indonesien)

The Ghan

Overlander: Adelaide–Melbourne (Australien)

TranzAlpine: Greymouth–Christchurch (Neuseeland)

AUSTRALIEN

● TOKAIDO-*SHINKANSEN* (JAPAN)
Der *Shinkansen* Tokio-Osaka war der erste Hochgeschwindigkeitszug der Welt. Heute bewältigen die ultramodernen *Nozomi*-Züge die 525 km lange Strecke, die am Fuji vorbeiführt, in gerade 2,5 Stunden und erreichen dabei eine Geschwindigkeit von rund 300 km/h.

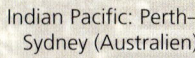
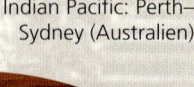
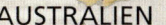

● *BLUE TRAIN* (SÜDAFRIKA)
Dies ist einer der luxuriösesten Züge der Welt, eine Art Fünf-Sterne-Hotel auf Schienen, samt Butlerservice und Suiten mit Bad. Er verkehrt zwischen Kapstadt und Pretoria und fährt auf einer Strecke von rund 1600 km durch Weinberge, Gebirge und die Halbwüste Karoo.

● *THE GHAN* (AUSTRALIEN)
Um die 2979 km lange Strecke von Darwin im Norden durch Australiens „Rote Mitte" bis nach Adelaide im Süden zurückzulegen, benötigt *The Ghan* 48 Stunden. Der Name bezieht sich auf die afghanischen Kamelkarawanen, die vor dem Aufkommen der Eisenbahn den Kontinent durchquerten.

Chronik

Vor rund 200 Jahren eröffnete die revolutionäre Erfindung der Eisenbahn Reiseverkehr und Handel neue Möglichkeiten. Anfangs mit Misstrauen betrachtet, galten Züge bald als technisches Wunder. Dieses neue Verkehrsmittel beförderte Menschen und Güter schneller und weiter als je zuvor. Heute, da die Straßen der Welt zunehmend von Individualverkehr blockiert werden, erlebt die Eisenbahn ein Comeback. Diese Chronik enthält einige wichtige Daten in der Geschichte des Schienenverkehrs.

1604
Ein Gleis aus Holzschienen für von Pferden gezogene Kohlewaggons wird bei Nottingham (England) gebaut.

1767
Die ersten Eisenschienen für Kohlewaggons werden in Shropshire (England) gefertigt.

1769
In Paris führt Nicolas Cugnot seinen Dampfwagen vor – das erste selbstbewegte Fahrzeug.

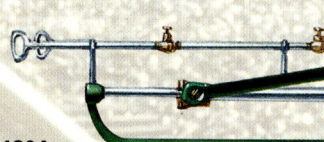

1804
Der englische Ingenieur Richard Trevithick baut die erste Dampflokomotive der Welt.

1812
Die Kohle befördernde Middleton Railway in Leeds (England) setzt als erste Eisenbahn Dampfloks ein.

1825
Die Stockton and Darlington Railway im County Durham (England) ist die erste öffentliche Dampfeisenbahn.

1828
Die Delaware & Hudson Railroad ist das älteste Eisenbahnunternehmen der USA.

1829
George und Robert Stephensons *Rocket* gewinnt das Rennen von Rainhill bei Liverpool. Der Dampfkraft gehört die Zukunft der Eisenbahn.

1830
Die Liverpool & Manchester Railway führt den ersten planmäßigen Personenbahnverkehr ein.

1830
Der *Best Friend of Charleston* ist die erste von Amerikanern gebaute Lokomotive.

1835
Die *Adler*, die erste Dampflok Deutschlands, fährt von Nürnberg nach Fürth.

1837
Die ersten elektrischen Telegrafen werden in England und den USA vorgestellt. Sie werden später im Bahnverkehr verbreitet eingesetzt.

1843
Das Dampfschiff *Great Britain* verbindet in Kombination mit den Schnellzügen der Great Western Railway London mit New York.

1853
Die erste Eisenbahn Indiens geht in Betrieb.

Trevithicks Lokomotive (1804)

1854
In Österreich verkehrt mit der Semmeringbahn die erste Gebirgsbahn der Welt.

1856
Im Südosten der USA wird die erste Eisenbahnbrücke über den Mississippi gebaut.

1862
Der *Flying Scotsman* verkehrt erstmals zwischen London und Edinburgh.

1863
Die erste U-Bahn der Welt wird in London eröffnet. Sie ist dampfbetrieben.

1869
Die Transcontinental Railroad verbindet den Osten und Westen Nordamerikas.

1869
In den USA führt George Westinghouse seine Druckluftbremse vor.

1871
In New York wird der größte Bahnhof der Welt eröffnet (Grand Central Station).

Eröffnung der US-Transcontinental Railroad (1869)

1881
Die erste elektrische Straßenbahn der Welt verkehrt in Berlin-Lichterfelde.

1882
In der Schweiz wird der Gotthardtunnel zunächst für den Güterverkehr und die Postbeförderung freigegeben.

1890
Die erste elektrische U-Bahn der Welt wird in London eröffnet.

1895
Die Baltimore & Ohio Railroad in den USA ist die erste elektrifizierte Bahnstrecke der Welt.

1899
Das Königlich Bayerische Eisenbahnmuseum (heute: DB Museum) wird in Nürnberg eröffnet.

1902
Die Berliner U-Bahn nimmt ihren Betrieb auf.

1903
In Deutschland schafft ein Drehstrom-Triebwagen von AEG und Siemens 210 km/h.

1904
Die Transsibirische Eisenbahn von Moskau nach Wladiwostok wird eröffnet.

1904
Eröffnung der U-Bahn von New York.

1913
Der erste reguläre Dieselzug der Welt geht in Schweden in Betrieb.

1928
Der *Flying Scotsman* verkehrt nonstop zwischen London und Edinburgh und legt die 632 km lange Strecke in 8 h 3 min zurück.

1933
Der Dieselschnelltriebwagen *Fliegender Hamburger* geht zwischen Hamburg und Berlin in Betrieb.

1934
Stromlinienförmige Dieselzüge beginnen zwischen Los Angeles und New York zu verkehren. Die 5225 km lange Fahrt dauert 57 Stunden.

1934
Die französische Eisenbahn ETAT führt einen 159 km/h schnellen stromlinienförmigen Benzintriebwagen des italienischen Autoherstellers Bugatti ein.

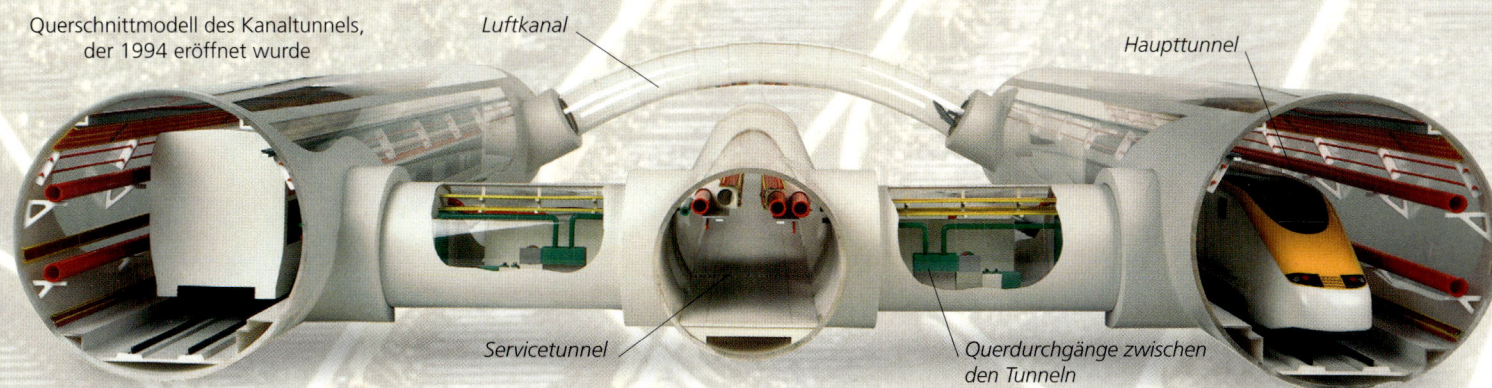

Querschnittmodell des Kanaltunnels, der 1994 eröffnet wurde

Luftkanal

Haupttunnel

Servicetunnel

Querdurchgänge zwischen den Tunneln

1935
Die Moskauer U-Bahn wird eröffnet.

1936
Die *Nr. 05-001* – ein Prestigeprojekt der National-sozialisten – erzielt mit 199 km/h einen Rekord als schnellste Stromlinien-Dampflok der Welt. Zwei Jahre später wird sie jedoch von der britischen *Mallard* übertroffen, die es auf 203 km/h bringt.

1941
Die US-Gesellschaft Union Pacific Railroad stellt ihre neue Lokomotive *4-8-8-4 Big Boy* vor, die größte je gebaute Dampflokomotive.

Moskauer Metro

1949
Kanada verkündet die Abschaffung von Dampfzügen.

1952
„Huckepackzüge", die Straßensattelzüge transportieren können, gehen in Nordamerika in Betrieb.

1960
Die ersten Containerzüge verkehren in den USA.

1960
Die Norfolk & Western Railway schafft als letzte der wichtigen US-Gesellschaften Dampflokomotiven ab.

1964
Japan eröffnet die erste Hochgeschwindigkeits-eisenbahnstrecke der Welt – die *Shinkansen*. Die Züge fahren bis zu 210 km/h schnell.

1965
Die erste Elektrolok der Baureihe 103 wird einge-setzt. Wegen ihrer Leistungsfähigkeit und ihres Designs gilt sie fast 30 Jahre lang als das Flagg-schiff der Deutschen Bundesbahn.

1968
Die Dampfkraft wird im britischen Eisenbahnnetz eingestellt.

1969
Australien eröffnet die Ost-West-Transkontinen-talroute von Sydney nach Perth.

1970
In Amerika meldet die Penn Central Railway Konkurs an. Es ist die größte Firmenpleite der US-Geschichte.

1981
Frankreich eröffnet die erste Hochgeschwindig-keitsstrecke zwischen Paris und Lyon. Die Höchst-geschwindigkeit des TGV beträgt 300 km/h.

1984
Die ersten doppelstöckigen Containerzüge gehen in den USA in Betrieb.

1984
Die erste Magnetschwebebahn der Welt wird am International Airport von Birmingham in England eröffnet.

1987
Der britische High-Speed Train erzielt einen neuen Rekord für Dieselloks: 238 km/h.

1991
In Deutschland geht der erste ICE in Betrieb.

1994
Der Kanaltunnel wird eröffnet, die erste Unter-seeverbindung zwischen England und Frankreich.

2001
In Australien misst der längste Zug der Welt 7,3 km. Er besteht aus 682 Waggons und acht Lokomotiven.

2003
Japans Versuchsmagnetschwebebahn stellt einen neuen Weltrekord auf: 581 km/h.

2004
Die Magnetschwebebahn von Shanghai wird in China eröffnet. Die Züge erreichen 350 km/h in 2 min.

2006
China eröffnet die höchste Eisenbahn der Welt. Sie verbindet Peking mit Lhasa in Tibet über Xining.

2006
Die Union Pacific Railroad befördert in den USA die Weltrekordmenge von 172 Mio. Tonnen Kohle im Jahr.

2007
High-Speed One eröffnet eine 299 km/h schnelle Verbindung zwischen London und dem europäi-schen Hochgeschwindigkeitsnetz.

2007
Eine Spezialkonstruktion des französischen V150 TGV erzielt einen neuen Weltrekord für Elektro-züge: 574 km/h.

2007
Japan stellt seinen neuen „grünen" *Shinkansen* N700 vor, einen Hochgeschwindigkeitszug mit reduziertem Energieverbrauch.

2008
Mumbai, eine der größten Städte der Welt und Indiens Handelszentrum, hat das größte städti-sche Bahnnetz, das täglich 6,1 Mio. Menschen befördert.

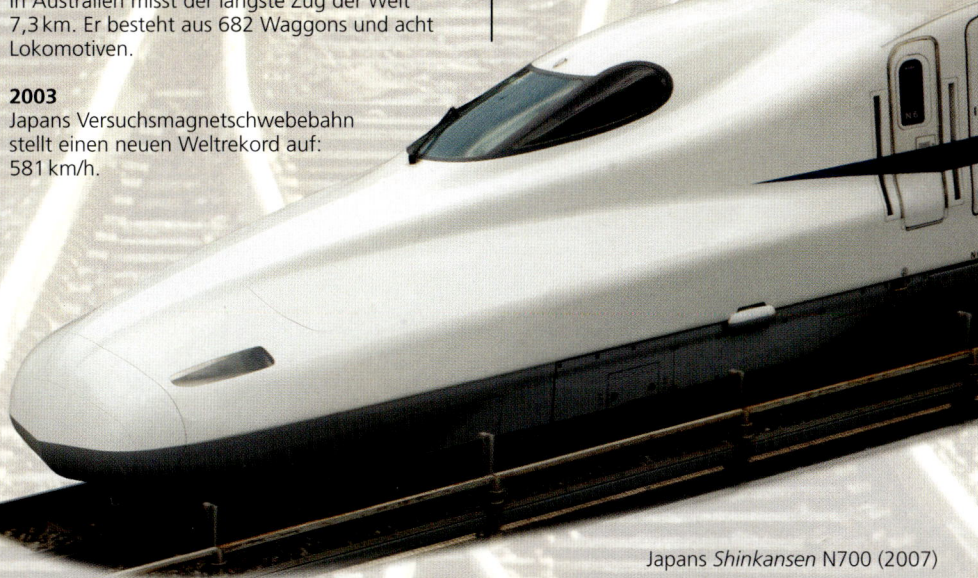

Japans *Shinkansen* N700 (2007)

Neugierig geworden?

Zahllose Orte widmen sich dem beliebten Thema Eisenbahn. Du kannst mit historischen Zügen fahren, einem Eisenbahnverein beitreten und dich am Betrieb und an der Restaurierung von Zügen beteiligen oder in Verkehrsmuseen alte und neue Eisenbahnobjekte bestaunen. Auf alten Strecken wurden die Gleise entfernt, um sie in öffentliche Wege umzuwandeln. Deine örtliche Bibliothek hat bestimmt Eisenbahn-DVDs und -Bücher und im Internet findest du Fangruppen, Veranstaltungen und Sonderzüge.

Goathland Station, North Yorkshire Moors Railway (England)

INTERNETADRESSEN

- Kinderseite der Deutschen Bahn.
  www.olis-bahnwelt.de

- Die Geschichte der deutschen Eisenbahn.
  www.bics.be.schule.de/son/verkehr/
  eisenbah/geschich/index.htm

- Hier erfährst du alles über Stellwerke.
  www.stellwerke.de

- Wie funktionieren die Toiletten in Zügen?
  www.physikfuerkids.de/wiewas/klo/
  vacuum.html

- Der Transrapid ist eine Magnetschwebebahn.
  http://karlsgymnasium-bgl.de/physik/Physik-
  Projekt_07/Transrapid/Transrapid.html

- Alles über Hochgeschwindigkeitszüge.
  www.br-online.de/kinder/fragen-
  verstehen/wissen/2005/01164/

- Auch für Züge gibt es Verkehrsregeln.
  www.medienwerkstatt-online.de/
  lws_wissen/vorlagen/showcard.
  php?id=2379&edit=0

- Hier kannst du einen Film über Lokomotiven
  anschauen.
  http://lexi-tv.de/themen/technik/
  lokomotiven

- Der ICE – ein Wunderwerk der Technik.
  www.geo.de/GEOlino/technik/4164.html

- Informiere dich über die Transsibirische
  Eisenbahn.
  http://de.wikipedia.org/wiki/
  Transsibirische_Eisenbahn

MUSEEN UND AUSSTELLUNGEN

In Verkehrsmuseen und sogar in manchen wissenschaftlichen Museen gibt es oft Abteilungen für Züge und die meisten Länder haben ein nationales Eisenbahnmuseum. Hier bekommst du einen guten Überblick über die Entwicklung der Bahn und ihrer Technik, von der Frühzeit der Dampfloks bis zur Gegenwart.

HISTORISCHE EISENBAHNEN

Auf der ganzen Welt gibt es historische Eisenbahnen. Du kannst auf Dampfzügen mitfahren und manchmal sogar lernen, wie man eine Dampflok fährt. Historische Eisenbahnen werden meist von bezahlten Mitarbeitern und Freiwilligen betrieben und von Vereinen betreut, die sich über neue Mitglieder freuen.

Eine Dampflokomotive im Verkehrshaus
der Schweiz in Luzern

Schienenfahrrad in der Bretagne

AUF SCHIENEN RADELN

An manchen Orten wurden die Gleisbetten alter Eisenbahnstrecken in Wege für Spaziergänger und Radfahrer umgewandelt, die den Routen folgen, auf denen einst Lokomotiven fuhren. In Deutschland, Frankreich, Schweden und anderen europäischen Ländern gibt es auch Schienenfahrräder. Damit kannst du über Gleisabschnitte radeln, auf denen keine Züge mehr verkehren. Einige Räder sind umgearbeitete Draisinen, auf denen früher Streckenarbeiter die Gleise überprüften.

Züge im Film

HARRY POTTER-FILME (2002 bis heute)
In den Zauberer-Filmen befördert der Dampfzug *Hogwarts Express* Harry und seine Freunde zur Zauberschule. Der Bahnhof Hogsmeade ist in Wirklichkeit Goathland (siehe gegenüber) an der North Yorkshire Moors Railway.

DER GENERAL (1927)
In diesem Stummfilmklassiker jagt Buster Keaton als Lokführer einer gestohlenen Lokomotive im Amerikanischen Bürgerkrieg nach.

DER POLAREXPRESS (2004)
Ein Zauberzug lädt an Heiligabend einen kleinen Jungen zu einer Fahrt zum Nordpol ein, wo er dem Weihnachtsmann begegnet.

DIE GENTLEMEN BITTEN ZUR KASSE (1966)
Der deutsche TV-Dreiteiler schildert den spektakulären generalstabsmäßig geplanten Postzugraub von 1963 in England.

Harry Potter und die Kammer des Schreckens (2002)

Zugsimulatorspiel
von Microsoft®

AUF DEM FAHRERSITZ

Ein Zugsimulator ist ein Videospiel, das einem ein Gefühl davon vermittelt, wie es ist, auf dem Platz eines Lokführers zu sitzen. Dabei muss man in einer realistischen „virtuellen" Kabine den Zug auf einer computerisierten echten Strecke steuern. In komplexeren Versionen managt man Güterbahnhöfe, bedient Signale und baut eigene Strecken samt Bahnhöfen, Signalen und Landschaften. Neben käuflich zu erwerbenden Simulatoren für den PC gibt es auch kostenlose Downloads im Internet.

Besuche doch mal ...

DB MUSEUM NÜRNBERG
Das Museum der Deutschen Bahn verfügt über die größte Sammlung historischer Eisenbahnfahrzeuge in Deutschland.

EISENBAHNMUSEUM BOCHUM DAHLHAUSEN
Diverse Fahrzeuge sowie eine Signalsammlung sind hier ausgestellt. Bietet auch Museumszugfahrten an.

VERKEHRSZENTRUM DEUTSCHES MUSEUM (MÜNCHEN)
Im Museum können zahlreiche Schienenfahrzeuge besichtigt werden, darunter ein Nachbau der *Puffing Billy* und die erste Elektrolok von Werner von Siemens.

BERLINER U-BAHN-MUSEUM
Neben historischen Fahrzeugen kann man hier das ehemalige Stellwerk Olympia-Stadion besichtigen.

MINIATUR WUNDERLAND (HAMBURG)
Die größte Eisenbahnmodellanlage der Welt hat eine Streckenlänge von 12 km auf einer Fläche von rund 1200 m².

WIENER STRASSENBAHNMUSEUM
Auf 1,8 km Ausstellungsgleisen werden 94 historische Fahrzeuge gezeigt.

EISENBAHNFANS

Berühmte historische Lokomotiven werden oft zu besonderen Anlässen in Betrieb genommen, eine tolle Gelegenheit für Eisenbahnfans, ihre Lieblingsloks zu fotografieren oder auf ihnen mitzufahren.

Glossar

ABGASROHR Das Rohr, über das verbrauchte Gase aus einem Dieselmotor entweichen.

BAHNSCHWELLE Die Querverbindung, die die Schienen eines Gleises trägt und aus Holz, Beton oder Stahl ist.

BAHNÜBERGANG Eine Stelle, an der eine Straße ein Eisenbahngleis in gleicher Höhe überquert.

BLOCK Abschnitt einer Strecke, durch den Zugfolge und -abstand kontrolliert werden.

BREITFUSSSCHIENE Die heutige Standardschiene, mit T-förmigem Profil und breiter, flacher Basis.

BREMSERWAGEN Ein Dienst- oder Güterzugbegleitwagen, der dem Begleitpersonal als Aufenthaltsraum dient.

CONTAINER Frachtbehälter aus Stahl, der mit Gütern beladen, versiegelt und dann auf speziellen Schiffen, Zügen und Lastwagen befördert wird.

DAMM Ein Erdbau, mit dem eine Eisenbahnstrecke über das natürliche Bodenniveau angehoben werden soll.

DAMPFLOKOMOTIVE Eine Lokomotive, die durch das Kochen von Wasser Dampf erzeugt, der in Zylinder eingespeist wird und damit die Räder antreibt.

DIESELELEKTRISCHE LOKOMOTIVE Eine Lokomotive mit einem Dieselmotor, der Energie für elektrische Traktionsmotoren erzeugt, die die Räder antreiben.

DIESELLOKOMOTIVE Von einem Dieselmotor angetriebene Lokomotive.

DOPPELKOPFSCHIENE Ein zuerst in England entwickelter Schienentyp mit symmetrischem Profil, das die Lebensdauer der Schiene verlängerte. Bei Abnutzung der Lauffläche wurde die Schiene einfach umgedreht.

DREHGESTELL Bewegliches Laufwerk eines Schienenfahrzeugs.

DRUCKLUFTBREMSE Eine Bremse, die durch Druckluft betätigt und gesteuert wird.

DURCHSTICH Künstlicher Graben durch die Landschaft, der eine ebene Streckenführung ermöglicht.

EINSCHIENENBAHN Ein Zug, der auf einer einzelnen Schiene fährt.

EISENBAHNFÄHRE Fähren, die auf einem Deck mit Gleisen Schienenfahrzeuge transportieren.

EISENBAHNZEIT Vor der Einführung von Fahrplänen gab es in einem Land an verschiedenen Orten unterschiedliche Zeiten. Durch den Bahnverkehr wurde eine Standardisierung dieser Lokalzeiten erforderlich. 1874 führte z. B. die Norddeutsche Eisenbahn die Berliner Zeit ein.

ELEKTRISCHER TELEGRAF Ein um 1830 entwickeltes Kommunikationssystem, das mittels elektrischer Impulse Nachrichten durch Drähte sandte, auch in Morsezeichen. Es wurde weltweit das Standardinstrument der Eisenbahnkommunikation.

ELEKTROZUG Ein Zug, der Elektrizität aus einer äußeren Quelle – Oberleitungen, dritte Schiene oder Batterien an Bord – nutzt, um Traktionsmotoren am Zug anzutreiben.

ESSE Auf einer Dampflokomotive der Auslass, durch den alle Gase aus dem Feuer entweichen.

FEUERBÜCHSE Kofferförmiger Raum im Kessel einer Dampfmaschine, in dem das Feuer brennt.

FISCHBAUCHSCHIENE Frühe Gusseisenschiene mit gewölbter Unterseite, die stärker war als andere damalige Schienen.

FÜHRERSTAND Teil der Lokomotive oder des Triebwagens, von dem aus der Fahrer einen Zug steuert.

GUSSEISEN Eine Form von Eisen, die sich zu fast allen Formen gießen lässt. In der Frühzeit der Eisenbahn wurden Schienen und Brücken aus Gusseisen hergestellt. Später verwendete man stärkeres Schmiedeeisen.

GÜTERWAGEN Ein Schienenfahrzeug zur Beförderung von Gütern. Es gibt zahlreiche Arten wie offene oder gedeckte Güterwagen, Flach-, Kessel- und Kühlwagen.

GÜTERZÜGE Züge, die Rohstoffe und verarbeitete Güter transportieren.

HEIZROHR Das Heizrohr gibt die Hitze vom Feuer einer Dampflokomotive an das Wasser im Kessel ab. Wenn das Wasser kocht, entsteht Dampf.

HOCHBAHN Eine auf Stelzen erbaute Gleisstrecke durch Großstadtstraßen. Beispiele sind die Wuppertaler Schwebebahn und die Hochbahnen in Berlin und Hamburg.

HUCKEPACKZUG Ein Zug, der ganze Sattelzüge transportieren kann. Dies vereinfacht den Gütertransfer zwischen Straße und Schiene.

JANNEY-KUPPLUNG Automatische Kupplung an einem Schienenfahrzeug, die die Bildung langer Züge ermöglicht.

KOLBEN Der Teil einer Dampflokomotive, der die Räder antreibt. Er besteht aus einer Stange in einem Zylinder, die durch Dampf hin und her bewegt wird. Andere Stangen übernehmen diese Bewegung und drehen die Räder.

KUHFÄNGER Ein vorn an vielen frühen amerikanischen und indischen Lokomotiven befestigtes Schienenräumgitter, mit dem das Vieh von den Schienen geschoben wurde.

KUPPLUNG Die Verbindung von Eisenbahnwaggons.

LAUFRADSATZ Die Räder hinter den Antriebsrädern einer Dampflokomotive, die die Lok tragen, aber nicht angetrieben werden.

Diesellokomotive

LOKOMOTIVE Ein selbstangetriebenes Schienenfahrzeug, das einen Zug ziehen kann. Es gibt Dampf-, Diesel- und Elektrolokomotiven.

MAGNETSCHWEBEBAHN Ein Zug, der auf einer speziellen Spur durch Magnetkräfte angetrieben wird. Magnetschwebebahnen erzeugen praktisch keine Reibung und sind damit auch bei Höchsttempo sehr leise.

MASSENGUT Bezeichnung für eine große Frachtmenge wie Kohle, Steine oder Getreide, die in einer einzigen Waggonladung befördert wird.

MULTIMODALER VERKEHR Der Transport von Gütern mit unterschiedlichen Verkehrsträgern wie Schiene, Straße, Schiff oder Flugzeug. Container nehmen am multimodalen Verkehr teil.

NEIGETECHNIK Sie ermöglicht es einem Zug, sich in Kurven zu neigen (wie dies ein Motorradfahrer tut) und damit kurvenreiche Strecken schneller zu durchfahren.

PENDLER Fahrgäste, die an jedem Arbeitstag die gleiche längere Strecke mit dem Zug fahren.

PERSONENWAGEN Eisenbahnwaggon für Fahrgäste.

PFERDEBAHN Ein auf Schienen laufendes und von Pferden gezogenes Verkehrsmittel.

Schmiedeeisernes Emblem an einer Londoner Eisenbahnbrücke

Standseilbahn in Pau (Frankreich)

PUFFER Ein Stoßdämpfer zwischen Schienenfahrzeugen.

PULLMANWAGEN Ein Luxuseisenbahnwaggon, der in den USA zunächst von George Pullman 1865 als Schlafwagen für Langstreckenzüge eingeführt wurde. Später bezeichnete man damit alle Luxuswaggons.

Einschienenbahn in der Walt Disney World in Florida (USA)

RANGIERBAHNHOF Ein Ort, an dem Güterzüge zusammengestellt oder Güterwaggons für unterschiedliche Bestimmungsorte dem richtigen Zug zugeteilt werden.

RANGIERLOK Eine kleine Lokomotive, die Waggons auf einem Rangierbahnhof Zügen zuteilt.

SAUGLUFTBREMSE Eine Bremsart, die im Unterschied zur heute gebräuchlichen Druckluftbremse mit Unterdruck statt mit Überdruck funktioniert.

SCHAUGLAS Eine Vorrichtung, die dem Lokführer einer Dampflok den Wasserstand im Kessel anzeigt. Würde der Kessel austrocknen, würde die Lokomotive explodieren

SCHLAFWAGEN Ein Wagen mit Betten, in denen die Fahrgäste während der Fahrt schlafen können. Schlafwagen wurden erstmals in Amerika in den 1830er-Jahren eingeführt.

SCHMIEDEEISEN Eine Form von Eisen, die durch Schmieden oder Hämmern bearbeitet wird und vor der Erfindung von Stahl verwendet wurde.

SIGNAL Eine starre Vorrichtung mit einem Arm oder Licht, die anzeigt, ob ein Zug halten, fahren oder bremsen soll. Mit einem Signal wird auch ein Zug gestartet, sei es durch eine Pfeife, eine Geste oder einen Klingelton.

SPEISEWAGEN Ein Waggon, in dem Mahlzeiten für die Fahrgäste serviert werden.

SPURKRANZ Vertikaler Wulst an der Innenseite moderner Eisenbahnräder.

SPURWEITE Der Abstand zwischen den Schienen eines Gleises. Die am meisten verbreitete Spurweite beträgt 1435 mm und heißt Normalspur. Weltweit gibt es auf den Eisenbahnnetzen jedoch noch andere größere und kleinere Spurweiten.

STANDSEILBAHN Schienengebundene Fahrzeuge, die von Kabeln oder Ketten auf stark geneigten Strecken gezogen werden.

STELLWERK Ein Gebäude, in dem die Bewegung von Zügen durch Signale und Weichen gesteuert wird.

STROMABNEHMER Eine Vorrichtung auf einem Elektrozug, die elektrischen Strom von der Oberleitung auf den Motor überträgt.

Zahnradbahn in Snowdonia (Wales)

TENDER Der Waggon hinter einer Dampflokomotive, der die Brennstoff- und Wasservorräte enthält.

TENDERLOKOMOTIVE Eine Dampflokomotive, die ihre Wasser- und Brennstoffvorräte selbst mitführt statt in einem angehängten Tender.

TREIBSTANGE Der Teil einer Dampflokomotive, der die Kraft vom Kolben auf die Treibräder überträgt.

TRIEBRAD Ein Rad, das eine Lokomotive auf einem Gleis bewegt. Bei einer Dampflokomotive werden die Antriebsräder von den Kolben angetrieben. Bei Diesel- und Elektrolokomotiven versorgen Traktionsmotoren die Antriebsräder mit Energie.

TRIEBWAGEN Schienenfahrzeug mit eigenem Antrieb, meist einem Unterflurmotor.

ÜBERHITZER Eine Vorrichtung im Kessel einer Dampflokomotive, die den Dampf über den Verdunstungspunkt hinaus erhitzt und damit mehr Energie erzeugt.

VERBUNDLOKOMOTIVE Eine lange Dampflokomotive mit zwei separaten Zylindern und Drehgestellen, was das Befahren enger Gleiskurven erleichtert.

WEICHE Ein Gleisstück, das Schienenfahrzeugen den Wechsel von einem Gleis auf ein anderes ermöglicht.

ZAHNRADBAHN Ein Schienenfahrzeug, das sich mittels Zahnrädern auf einer zwischen den Schienen montierten Zahnstange bewegt und dadurch steilere Strecken als normale Bahnen bewältigen kann.

ZAHNSCHIENE Eine zusätzliche, mit einer Zahnstange versehene Schiene, die es einem Zug ermöglicht, steilere Strecken zu bewältigen. *Siehe auch* Zahnradbahn

ZUG Ein Verbund von Triebfahrzeug(en) und Waggons oder Wagen, der auf Schienen fährt und Fahrgäste oder Güter transportiert.

ZUGFÜHRER Die Person, die für den Betrieb eines Personenzugs verantwortlich ist. Früher bewachte der Zugführer Pakete und andere Güter in einem Zugführerwaggon.

ZUGSCHLUSSLEUCHTE Die Warnlampe am Ende eines Zugs.

ZYLINDER Kammer in einer Maschine, in der sich Dampf ausdehnt oder Brennstoff entzündet wird, um den Kolben anzutreiben und damit Energie zu erzeugen.

Beladen von Flachwagen in Ghana

Register

Dank und Bildnachweis

Dorling Kindersley dankt
der Belegschaft des National Railway Museum in York, v.a. David Wright und Richard Gibbon, John Liffen vom Science Museum, Justin Scobie für Fotoassistenz, dem London Transport Museum, den Stellwerkern des Bahnhofs von Three Bridges (British Rail) in West Sussex, der Bluebell Railway, dem Flughafen Gatwick, Claire Gillard für die Anfangsrecherche, Helena Spiteri, Lisa Stock und Gin von Noorden für Lektoratsassistenz, Earl Neish für die gestalterische Assistenz, Jane Parker für das Register, Robert Gwynne und Russell Hollowood vom National Rail Museum in York für die Unterstützung sowie Sue Nicholson und Edward Kinsey für das Poster.

Der Verlag dankt den folgenden Personen und Institutionen für die freundliche Genehmigung zum Abdruck von Fotos:

(Abkürzungen: o = oben, go = ganz oben, u = unten, m = Mitte, l = links, gl = ganz links, r = rechts, gr = ganz rechts, Hg = Hintergrund)

Advertising Archives: 26um, 61gol (Detailaufnahme), 61gol (Detailaufnahme). Alamy Images: Steve Crise / Transtock Inc. 62u; Michael Grant 70mlu; JTB Photo Communications, Inc. 65ul, 65gol; James Lovell 68gor; Iain Masterton 67ur; Sami Sarkis France 69gol; Nick Suydam 64mlo. alimdi.net: Photographers Direct 68ur. Aquarius Library: Warner Bros 69gor. Australian Overseas Information Service, London: 42ml. Barlow Reid: 7omr, 39mr, 41mr. Bettmann Archive / Hulton Picture Library: 19go, 20m. Bridgeman Art Library / Science Museum, London: 11ugom; National Railway Museum, York: 11gor; Private Collections: 13ugom; Guildhall Art Gallery, Corporation of London: 45ml; Guildhall Library, Corporation of London: 56ml. Britt Allcroft (Thomas Ltd), 1989: 61ml. Jean-Loup Charmet: 10umr, 30ul, 39gol, 44ml, 56mr. J.A. Coiley: 54mr, 58ur. G. Cooke, Rail Safaris: 53ml. Cor-

bis: Eleanor Bentall 65ur; Ursula Gahwiler / Robert Harding World Imagery 64gor; Colin Garratt, Milepost 92 71ur; Gavin Hellier / Robert Harding World Imagery 67ml; Dave G. Houser 64um; Lester Lefkowitz 64–71 (Hg); Bruno Morandi / Robert Harding World Imagery 65gou; Michael Reynolds / EPA 65gor; Phil Schermeister 64ul; Naoaki Watanabe / amanaimages 65mr. Culver Pictures Inc.: 11gol, 16ugor, 19ur, 37gol, 41ugor, 47ugor. DeltaRail: 33gol. Michael Dent: 23ml, 52m, 55mr. DK Images: Rough Guides 71mu, 71gol. Docklands Light Railway Ltd / Marysha Alwan: 62m. drr.net: Joern Sackermann 69um. e.t. archive: 6m, 7ml, 9gol, 9gom, 9ml, 12ml, 16ul, 20gor, 26ugor (Detailaufnahme), 28ugor, 29mr, 33mo, 36gor, 46ml, 49uml, 51gor. Eurostar: 63mro. Ffotograff: 42gor. Getty Images: Hulton Archive / Andrew Joseph Russell / MPI 66ur. Hulton Picture Company: 31ugol. Hutchison Picture Library: 22gol, 53gor. Japan Railways Group, New York Office: 63mlu. Antony J. Lambert: 45m, 60ml. La vie du rail, Paris: 38ml, 39gol, 63gol. Mack Sennet Productions: 25ugor. Mansell Collection Ltd: 8gor, 10omr, 23gom. Mary Evans Picture Library: 8ur, 9mr, 13go, 17ugol, 21uml, 29gol, 35gom, 38m, 40gol, 61umr. John Massey Stewart: 45uml, 56gor, 59gor. Microsoft: Abdruck des Microsoft-Screenshots mit frdl. Genehmigung der Microsoft Corporation 69m. Millbrook House Ltd: 7gor, 23ur, 37gol, 51ugol, 58mr, 63gor. National Railway Museum: 6ml, 7gol, 12gor, 13ugol, 21gol, 21gor, 23gor, 25gor, 25umr, 26uml, 30um, 35mr, 37ugom, 43umr, 49gom, 50mr, 59gol; Terence Cuneo: 33um. PA Photos: DPA Deutsche Presse-Agentur / DPA 62gor. Peter Newark's Picture Library: 13m, 18gol, 18mr, 19m, 19gor, 24gor, 34gol, 42ul, 43ur, 53gol. Picture Alliance: DPA 35ur. Quadrant Picture Library: 21m, 27ugom, 43ugor, 47ugol, 47m, 53mr. Rank Films: 49ul Retrograph Archive / Martin Breese: 36gol. Robert Harding Picture Library: 52ml, 58ul, 59mr. Telegraph Colour Library: 50gol, 57m. Weintraub / Ronald Grant:

31gol. Zefa Picture Library: 24gol, 35gol, 41gor, 47go, 48ur, 59u.

Poster: Corbis: José Fuste Raga / zefa ur; DK Images: National Railway Museum, York mlo (Stephensons Rocket), mlu (Diesellok), mlu (Zugtickets), ul (Teeservice), ml (Lochzange), mro (Rad), gor (Arbeiterpickel); Science Museum, London gol (Trevithicks Zug); PA Photos: DPA Deutsche Presse-Agentur / DPA ul (Magnetschwebebahn); Photolibrary: imagebroker mr; Science & Society Picture Library: NRM – Pictorial Collection ml (Illustration).

Cover: *Vorn:* Corbis: Werner H. Müller u. Dorling Kindersley: National Railway Museum, York mogr, mlo. iStockphoto.com: John Leung gor. *Hinten:* Dorling Kindersley: National Railway Museum, York mo, ur; Science Museum mogl, r, m.

Alle anderen Abbildungen © Dorling Kindersley

Weitere Informationen unter www.dkimages.com

Weitere Themen in dieser Reihe:
(Bandnummer in Klammern)